韓國人，
你潮什麼？

王天中 ———————————————————— 著

自序

故事，從10張CD開始！

「為什麼要寫韓國」？這得從 10 年前說起。

2001 年，我在大成報擔任科技組記者，專門負責「電玩」新聞報導。那年冬天，到首爾採訪「世界電玩大賽」（WCG），也就是「電玩小子」曾政承得到世界冠軍，上台揮舞國旗，為台爭光的那一年。

我很難忘記當時的場景，那個全身起雞皮疙瘩的現場。而那年首爾行，卻讓我與韓國結下不解之緣。

如今，我把韓國視為第二個家，從前「去」韓國玩玩，現在已變成「回」韓國看看，起因全是「那 10 張 CD」。

曾政承拿了金牌的隔天，我經過一家 CD 店，被店頭播放的音樂給吸引了。於是進了門，想買幾張 CD，但當時不懂韓文，加上滿坑滿谷的商品，根本無從挑起。

眼見牆上掛著 TOP 10 排行榜，於是我請店員打包這 10 張 CD。沒想到回台

後，這些音樂竟成了我生活的一部分。

之後無論家裡或車上音響，S.H.E、孫燕姿、周杰倫立馬被換成 KPOP。母親大人上車後還唸過：「這什麼鬼，沒半句聽得懂。」

往後只要有機會到韓國，KPOP CD 都是我必買商品。只是，聽了這麼多年 KPOP，沒想到最後自己卻成了追星一族。（可能是全亞洲最老的追星粉絲吧！）

2010 年，我這個年過 35 的已婚大叔，因為一支《Wonder Woman》MV，成為女團 T-ARA 成員咸璁晶的粉絲（感謝老婆大人的體諒，沒有掀起追殺我的念頭）。之後，還在台灣請了韓文家教學韓文（雖然聊天打屁比學習時間多）。

2013 年咸璁晶生日那天，我強拉著戶長（老婆大人）和家教老師，到咸媽媽開的咖啡廳，只為了見到璁晶本尊一面。還記得那天首爾只有零下 13 度，外頭還下著大雪，我們從晚上 10 點，等到凌晨 3 點……。

可能是咸媽媽從沒見過這麼老的粉絲吧（羞），她特別坐下來陪我們聊天。聊著聊著，她拿了一個特製的杯子說：「是這樣啦，只要付 10 萬韓圜，我就請璁晶在上頭囑名簽名，還有合照喔……。」

靠！一只破馬克杯，賣我新台幣 3000 元？用搶的比較快呀！於是……我還是買了……，果然是不爭氣的「台幣粉絲」，喔，應該是韓圜粉絲才對！

那個馬克杯讓我成為真正的追星族，也讓我更深入研究 KPOP 商業操作模式，甚至興起「在台灣培養女團」的想法（天真無誤）。

那幾年，幾乎年年往首爾飛，雖然忙碌的記者工作讓我沒時間追星，加上韓文不通，追起來特別沒成就感，但過程中卻讓我觀察到韓國的進步，以及台韓商業交流存在空間和可能性。

有天家族聚餐，小舅子5歲的兒子拉著我，說要跳《少女時代》的新舞步給我看（他跳得很好，只是有點娘……），當下我驚覺，台灣不只有年輕人哈韓，就連5歲小朋友，也非常熟悉韓國流行文化。

在我那個年代，家裡電器用SONY、車子開TOYOTA、音樂要聽小室哲哉和木村拓哉、連續劇是《101次求婚》、《大和拜金女》或《阿信》、寫真集看宮澤理惠和深田恭子，連愛情動作片都是唯一的飯島愛……。

早期台灣社會吹哈日風，只要是「日本產出」，就是好貨、就是流行，台灣人對日本商品與文化接受度超高，商人作生意只要和日本扯上邊，就成功一半。

但現在的小朋友呢？手機用SAMSUNG、家電有LG、車子是KIA和現代、音樂全是KPOP、用平板電腦追韓劇、綜藝節目看《RUNNING MAN》，就連愛情動作片都要李準基的《王的男人》、宋智孝《霜花店》或宋承憲《人間中毒》（我看的還真不少），更別說美妝品和

衣服都要韓貨……。

　　亞洲市場的變化已從過去日貨第一，到如今韓貨的分庭抗禮，加上現在小朋友對韓國商品與文化友善度不斷增加，我認為，未來韓國元素在台灣市場肯定會持續成長，有朝一日更會超過日本在台灣的影響力。

　　我和戶長年輕時都沒有出國留學經驗，十分嚮往到國外體驗不同文化、接受不同生活洗禮的過程。心想，如果有機會，或許可以到美國、日本甚至歐洲唸個文憑回來。（看到課本就打瞌睡的我，應該沒有能力拿到文憑吧……）

　　直到 2015 年某天和戶長喝咖啡，她鼓勵我（佛心來著），既然對韓國這麼有興趣，不如實際去生活一段時間，仔細觀察韓國文化、市場和各種新商業模式，或許能從中獲得機會？（她還說，搞不好我會成為韓國胖子諧星呢！）

　　2016 年中，我們就打包行李，出發了。

　　老實說，雖然之前幾乎年年都到韓國出差或旅遊，但實際在韓國生活一年多，才真正讓我了解韓國人的文化與韓國市場。

韓國人，你「潮」什麼？

過去，台灣對日本十分熟悉，對韓國卻一知半解，有人對韓國還停留在「20年前那個落後台灣的國家」印象上，甚至因為文化誤會而討厭韓國人。而這也成了我寫這本書的起心動念。

我希望藉由自己的生活體驗，還有與韓國友人的生活溝通，讓台灣人了解「韓國的好與不好」，讓讀者更了解「韓國人到底在想什麼」？「為什麼這麼想」？還有，到底現在的韓國在流行什麼？

謝謝時報出版的老長官趙董事長，給我機會繼續寫作練肖話；謝謝文中幫我解答疑難雜症的韓國友人、來自世界各地的同學，還有韓文家教與美麗的老師們（有機會我會回去約崔老師看電影地）！

最感謝的是戶長，妳沒有因為我瘋狂追星的行為而修了我，甚至陪著我在冰天雪地裡苦讀韓文。至於那只 10 萬韓圜買的「瑉晶馬克杯」，也希望別被戶長妳拿去種花，讓它能安安穩穩地被供在櫃子裡，直到我移情別戀，轉追其他女團為止。

CONTENTS : 目 錄

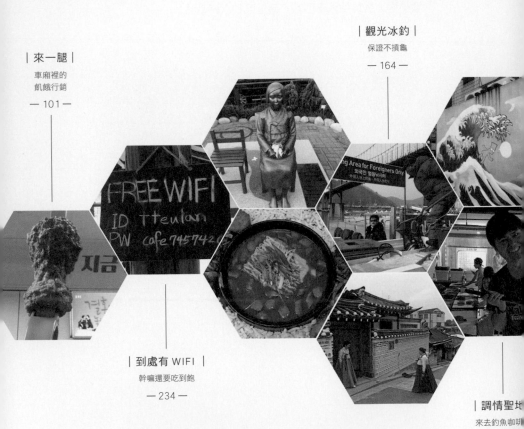

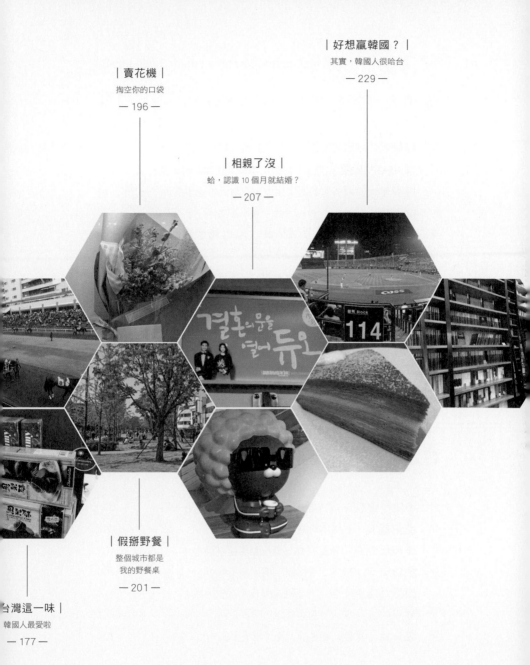

⦿PART 3⦿ ▏▏

韓國人在威什麼：3 觀點 完爆台韓不了情　**229**

PART 1

韓國人
在想什麼：

10 句話 完解大韓國民心理！

1

| 很敢秀 |

新村那台鋼琴裡，
藏著韓流藝能鑰匙。

　　韓劇與流行音樂（KPOP），是許多台灣
人接觸韓國的第一步。我認為，韓流能在全球
市場大放異彩，除了從業人員的努力外，一般
民眾愈來愈『敢秀』，一改以往亞洲人低調、
靦腆的個性，也是成功關鍵之一。

「何以見得韓國人很敢秀？」答案可以從新村大街上的「那台鋼琴」談起。

「新村」是首爾重要學區之一，附近有延世大、梨花女子大學、西江大等一流學府，距離知名的弘益大學，也只有一個地鐵站距離。

近幾年，前往首爾自由行的年輕遊客，都會選擇弘大或新村住宿，主要是這裡交通便利，還有逛不完的美妝和服飾店，同時更是江北重要餐飲聚集地，各種傳統與流行餐飲都有，且學區物價也比其他鬧區便宜。

此外，這裡還有很多高水平的街頭表演，無論唱歌、舞蹈、魔術、雜技，都為逛街的人潮帶來各種娛樂。有時，娛樂經紀公司還會讓「未出道」的藝人，到這裡來進行膽識訓練。

我的韓文家教朱莉告訴我，有不少 KPOP 粉絲，在偶像們還在「練習生」階段時就開始追起，這裡甚至成為紛絲們「挖掘追星目標」的好去處。

這裡不是分享「如何追星」這個話題，而是我在新村街頭表演中，發現了「韓流的藝能鑰匙」，而那把鑰匙，就藏在「新村那台鋼琴」的琴鍵上。

每逢周六日，新村大街（延世路）都會封街辦活動，也聚集許多街頭藝人來此表演，即使平日的夜晚，也有不少表演者聚集賺小費。

然而，新村大街上有家傳統書店，門口擺了台被漆上五顏六色的舊鋼琴，非常吸睛。

第一次路過這裡，我就好奇地問身旁的朱莉：「這是幹嘛的？供街頭藝人表演用的嗎？」

朱莉告訴我，據說這鋼琴是由書店維護，但不清楚是不是書店

所有。不過，平常都有人會把鋼琴外的塑膠套解開，讓想「露一手」的路人秀琴藝，下雨或下雪時，工作人員會再把塑膠套蓋上。

「給路人表演？誰會走在半路看到鋼琴就突然坐下來彈呀？而且，這也太愛現、太丟臉了吧？」我質疑朱莉的說法。

不過，我話才剛說完，馬上就有對學生情侶站在鋼琴前。男生斯文地拉出椅子、掀開琴蓋，女子則幫他提著包包，充滿期待地在旁等候，沒多久，男子動手彈起琴來。

「哇塞，真的彈耶！」我驚訝地對著朱莉和身旁的戶長，滿臉不可置信地說。

雖然這場「素人秀」有不少失誤，但仍吸引路人圍觀。即使演奏結束後的掌聲稀稀落落，但男生還是很大方地站起來，對身旁的我們點頭致謝；女伴則滿意地對他微笑，然後很撒嬌地，勾著他男人的手一起開。

「琴藝普普，但，可真會把妹……。」戶長笑著說。

朱莉則說：「愈來愈多韓國人敢秀自己，不只是街頭藝人，連路人也是。這台鋼琴的使用率，最近真是愈來愈高了。」

果然，這一年多，我至少看過數十位素人在這裡獻琴藝，且男的帥、女的美，有些表演者更讓練了十多年琴的戶長讚嘆地說：「實在厲害！」

不只年輕人敢秀，韓國大叔也很樂於表現自己。

連大叔都愛現

同樣是那台鋼琴，有回，我和戶長發現一位年約 40 歲的上班族大叔，坐在那兒表演。只見他把領帶塞進上衣口袋、手提包放在鋼琴旁，專心地演奏。原以為，40 多歲的大叔，應該只會古典鋼琴吧？沒想到，這位可是「潮大叔」，耳邊傳來的不是古典樂，而

是他自己改編自偶像團體 BIG BANG 的《Fxxk It》，一首 KPOP 流行歌曲。

　　這老兄雖然有點年紀了，但打扮還算有型，而且琴藝真不是蓋的，展露出來的自信感完全不輸大明星，再加上過程中穿插許多激情的表演，吸引相當多人圍觀，看到戶長都不想走了。

　　「走啦！去吃冷麵了！快餓死了！」聽了 5 分鐘後，餓到快瘋的我對戶長說。

　　「再聽一下啦，人家即興表演還能這麼厲害，很難得耶！」戶長說。

　　「唉喲，你又知道他是即興的，搞不好在家狂練後特別來獻寶的！」

　　呃！此話一出，我被戶長賞了個白眼。

　　「好好好，你慢慢聽，我去前面球鞋店逛逛。」我知道拉不動戶長，只好自己閃一邊去。

　　走到球鞋店門口，我看到一位年輕辣妹，穿著短裙、翹著纖細的右腿，坐在路旁板凳上，打開手提式音箱、看著手機上的歌詞，唱起韓國國民妹妹 IU 的歌。這位韓國妹打扮很吸睛，而且即使坐著，邊唱還邊帶手勢。有別於彈琴的那位大叔，韓國妹很樂於與路人互動，無論歌聲、表情或動作，都魅力十足。身旁還坐著不少痴漢，喔，是少男，沉醉在她甜美的歌聲中。

　　無論是彈琴大叔或短裙辣妹，表演都很精彩。更有趣的是，他們應該不是全職街頭藝人，因為現場沒有小費箱，不接受路人打賞。

　　眼前出現才貌雙全辣妹，這回，換我走不開了，直到 15 分鐘後，戶長來找……。

　　「大叔彈完啦？」我雖然在和戶長對話，視線卻依舊停留在辣妹身上。

「是啊，很精彩。」戶長冷冷地回我。

「這個也不錯呀，歌聲真好⋯⋯。」我指著辣妹，視線還是沒從她身上移開。

「不錯耶，要不要去跟她要電話號碼？」

戶長這句話，令人感到有生命威脅，晚餐原本計畫是戶長請吃冷麵，瞬間卻晉級成烤肉，而且，由我買單⋯⋯。

由於這名大叔沒有向路人討賞，應該單純是素人路過一時興起而表演，但辣妹肯定是「有備而來」的（不然誰會沒事拉著音箱在路上走）。

至於她為什麼要在街頭免費表演？我不知道，畢竟戶長不會允

許我去要電話號碼問個清楚⋯⋯，喔，不是，應該是我當時韓文不好，沒辦法和對方溝通！

　　但另一位表演者，就有特殊目的了──「想紅前，要練膽量」。

　　有天，我又遇見一位年輕男生在彈那台鋼琴。表演結束了，他也準備離開，我上前去，用破破的韓文夾雜英文和他聊天，才知道眼前這位是音樂系古典音樂組高材生。

　　這位同學和朋友約在地鐵新村站，但朋友遲到，所以就坐下來練練琴。雖然不是刻意到這裡表演，但其實是有目的的，他想透過在公眾場合的即興表演來訓練膽量，為期末公演做準備。

　　「我猜，大部分會坐下來彈琴的人，應該是音樂系學生或音樂工作者吧，目的或許是想紅，但更重要的是做膽識訓練。」

　　他還說，的確有不少經紀公司的星探，會到新村與弘大的表演區，尋找可造之才，除了鎖定街頭藝人目標外，也會注意一旁的路人。

　　「所以你即興演出，是希望能被星探看到，成為藝人或偶像（IDOL）？」我好奇地問。

　　「當然想啊！班上同學幾乎都想！但還得再努力啦！」他搖搖頭說。

　　我覺得他的答案有趣極了！除了一般年輕人勇敢秀自己，希望能擠進娛樂圈窄門外，就連古典音樂系的高材生，也想一闖流行娛樂市場？

　　他告訴我，過去古典音樂領域的高手，少有願意跨足到流行市場的。但這幾年已有明顯改變，KPOP 受到全球歡迎後，韓國人並不認為「古典樂卡高尚」，而是古典、流行各有市場。

　　其實，走在韓國街頭，隨處可見「背著樂器」的大男孩或美少女，即使韓國年輕人的學業、職場壓力是全球之冠，但對音樂興趣

的培養與熱忱，卻沒有因此被犧牲，也讓韓國音樂人才源源不絕。

從「新村的那台鋼琴」，可以看出韓國人「敢秀」的特質。不過，除了這些表演素人勇於秀出自己的才藝外，就連圍觀的民眾也超愛秀，和過去亞洲人相對低調、靦腆的個性不同。

逮到機會就要表演

2015 年冬天，我在東大門一家傳統馬鈴薯排骨湯店用餐，隔壁坐著一桌大叔客人。

「$%$*^&*&^*^&。」突然有位大叔，跑來對我和戶長說話。

不好意思，那時我還沒學韓文，完全聽不懂老人家說什麼。但看他滿臉微笑，應該不是什麼壞事，我只能傻笑對他點點頭。

突然，食堂裡所有客人都放下筷子，轉身朝向隔壁的大叔桌（我也趕快把那塊啃了一半的排骨給放下）。

隔壁桌那位大叔，則是從背包裡掏出一把古笛，當著所有人的面演奏起來。那首曲子非常非常非的哀怨，哀到快讓人消化不良！而其他幾桌的客人，竟也跟著比手畫腳、搖頭晃腦地融入樂曲，站起來表演。而且，每人臉上表情都超級豐富，緊閉雙眼、滿臉哀愁，就差眼淚沒滴下來。

大叔接著演奏的曲子比較輕鬆，這回換大媽們站起來，在窄小的食堂裡跳起傳統舞蹈，完全不在意其他客人（像我這種老外）的眼光。

我把這個現場描述給韓國友人 KIM H.J. 知道。

KIM 說，韓國人其實很樂於表演，他們不在乎表演的專業度，認為「用心地演出最值得和朋友分享」。而一旁的觀眾，不管認不認識表演者，也都會用心去欣賞，且不吝嗇地給掌聲，甚至加入戰局，大秀一場。

這種「愛跟著秀」的習慣，不只是老人家，在新村街頭的年輕觀眾也一樣。

　　2016 到 2017 年，新村地鐵站出口常出現一組街頭藝人（就在鋼琴旁），由一位長髮白人吉他手、一位黑人薩克斯風手，和亞裔小提琴手所組成。這是我在韓國見過，最具職業水準的表演，每回聽到他們的音樂，都讓人起雞皮疙瘩。然而，每當表演達到最高潮時，現場可不只是這三人在演出，常常都能看到圍觀的群眾，現場也即興地跳起舞來；還有帶著醉意的路人，掀起不遠的那台鋼琴，和三人的表演相呼應，讓全場觀眾熱血沸騰。

　　曾在歐洲留學的 KIM 說，這種愛秀、敢秀的性格，在西洋社會很常見，但在大部分亞洲社會中，路人都只習慣扮演好「觀眾」角色，唯獨韓國人不同，這可能與韓國人長期面臨社會競爭與強大壓力有關。

　　KIM 認為，韓國職場階級制度很嚴重，年輕人想在企業裡出頭並不容易，加上韓國人好勝心強，所以一有空間，就必需把十八般武藝全秀出來，不放過任何從團體中脫穎而出的機會。

　　「不愛秀或不敢秀，別說當藝人了，就連想在企業裡被注意，可是一點機會都沒有！」KIM 說。

　　「但，這樣表演不會不好意思嗎？」我問他。

　　「不好意思？只要用心表演，哪有什麼不好意思的？而且大部分敢秀的，都有一定實力的呀！」KIM 似乎對韓國人的表演天分相當驕傲。

　　也的確，一位大叔的鋼琴即興表演，能讓戶長聽得樂不可支；一位才貌雙全的辣妹歌聲，還能讓我賠掉一餐貴三三的烤肉。

　　不信？下次請到新村、弘大看看人家的街頭表演，你就能感受到韓國人的敢秀、能秀了。

KPOP 的興盛，吸引許多外國觀光客到韓國旅遊，圖為經紀公司 JYP 對面的 Dunkin' Donuts 門口一角。

2

| 以 KPOP 為傲 |

天分＋勤奮＋敬業，
狂掃全球娛樂市場！

　　在競爭激烈的社會中，韓國人養成「敢秀」、「懂得把握機會表現」等特質，同時供應娛樂圈取之不盡的人才。此外，韓國藝人具備勤奮、敬業等正面形象，社會地位不斷提升，家長也支持孩子朝娛樂圈發展，加上 KPOP 進軍全球狂賺外匯，產業步入正向循環，都讓韓國人為此感到驕傲。

有些韓國人對三星、現代、樂金等能成為全球頂尖品牌與企業而感到驕傲，但也有韓國人對於財團掌控國家、拉大貧富差距感到痛恨與不齒。

不過，提到韓國娛樂界，無論是韓劇、KPOP 或電影，在相關從業人員不斷地努力下，近年來已成功走向全球，成為「韓國之光」，這就讓大部分韓國人感到興奮與驕傲了。

究竟韓流在全球有多紅？為什麼讓韓國人那麼驕傲？從韓國語言學校的現況就可以看得出來。

我就讀的西江大學語學堂，有來自世界不同國家的學生，除了部分同學是因為「另一半是韓國人」，必需在韓國生活，不得不學韓文外，其他有近七成的同學來學韓文，都是為了追星。

泰國的 WANI、義大利的 JULIA，還有來自台灣的小瑜、凱琳，都是我語學堂一級班同學，他們上課時很認真，也不常缺席，但「學好韓文」似乎不是共同目標，「追星」才是。只要有人翹課，肯定就是去參加粉絲見面會等活動了！

凱琳說，其實台灣算是最早引進韓流的國家之一，更是早期韓流業者走向海外的第一站，所以台灣才會有很多哈韓族。

1996 年 首發韓劇登台

談起韓流在台發展，第一部登台韓劇，應該是 1996 年由中視播出的《沙漏：光州風雲》。這檔戲曾在韓國創下收視率 64.5% 佳績，有「國民劇」封號，但因為在台播出時段為深夜，加上當時市場主流還是日劇，並沒有在台灣掀起熱潮。

2000 年 7 月，一位李姓韓國華僑代理韓劇《花火》來台，在八大電視台播出受到喜愛後，又引進《藍色生死戀》等一連串韓劇，

開啟了台灣的哈韓旋風。

　　至於韓國流行音樂與偶像團體，最早在台成名、甚至引爆「追韓星」風潮的，應該屬韓國男團 SUPER JUNIOR（簡稱 SJ）。

　　2007 年，SJ 來台參加第十八屆金曲獎頒獎典禮，帥氣的外型與表演，瞬間擄獲台灣妹的心。有粉絲形容，台灣韓流的基礎，幾乎是 SJ 台灣粉絲組織起來的。接著，少女時代、BIG BANG 等偶像團體登台，也打響韓團在台知名度。

　　至於韓國電影，則是在近幾年的《屍速列車》在台上映後，才開始受到關注。

　　然而，根據泰國和義大利同學說法，KPOP 在其他國家的發展歷程，和台灣差不多，也是從韓劇、韓團，一直延伸到綜藝與電影，只是引爆的年分時間點不同。

　　「我們的 KPOP 很厲害吧！全世界都在看韓國戲劇、看韓國電影、聽韓國音樂！」30 多歲的韓國 JAMES，和我談起韓流現象，鼻孔都快朝天了！

　　「是啊！怎麼這麼厲害？」（雖然我這樣回話，但心裡還真不是滋味）

　　「因為韓國藝人都很勤奮、認真、很拚，所以才成功，很受人尊敬呀！」

　　我完全不懷疑 JAMES 的說法。以 SJ 為例，這些元素都能在他們身上看到。

　　SJ 中有位成員叫金希澈，團體走紅後，他開始在電視節目上擔任來賓，近幾年甚至成為節目主持人，和隊長利特等人，活躍於韓國綜藝節目中。我在許多韓國節目中，看到希澈在現場的即興表演舞蹈，實在是很驚人。

　　如果他演出的內容是 SJ 本身的舞蹈就不稀奇了。希澈最厲害

的，是模仿韓國新舊偶像的舞蹈，無論十多年前流行的舞步，或才剛公布的最新舞蹈，他都能跳上一整段。

其實，韓國偶像圈很流行「跳別人的舞」，例如 SJ 模仿少女時代、周子瑜和 TWICE 成員模仿前輩 MISS A，可見，偶像們除了自己的舞蹈，平常也得花時間來練練競爭對手的表演。不過，要像金希澈這樣，什麼團的舞都能來一段，而且還非常到位，可見花的時間比其他藝人更多，睡眠時間極少，也幾乎沒有私人活動的時間與空間。

JAMES 有位在 SJ 所屬的經紀公司 SME 上班的朋友，根據這名朋友的說法，希澈在參加節目錄影前可是做足功課。

一般節目主持人，都會針對來賓做功課，大部分是去記住來賓姓名和節目中的哏。說真的，韓國偶像團體實在太多，光要記住所有來賓的名字就很不容易。

但希澈不只做足這些基本作業，還要「加碼」，上網看來賓的表演視頻，甚至從螢幕中熟記對方的舞步。此外，他還得準備 SJ 的團隊表演、出席活動、海外演唱會，甚至為新唱片治裝、練舞、錄音……。

希澈能支撐這麼忙錄的生活，靠的肯定是百分百的熱情與投入。

我不知道 JAMES 的說法有沒有「膨風」（吹牛），但從希澈在節目上的演出，都展現了平時不斷練習與準備的成效。

「在韓國，投入百分百的勤奮，也不見得能當上藝人；但韓國藝人中，百分百都是勤奮的！」

JAMES 認為，即使圈內還是有嗑藥、喝酒誤事等負面新聞，但整體來說，藝人的形象都算正面，且負面行為也和他們對工作的投入沒有衝突，特別是「勤奮」這個元素。

事實上，大部分韓國藝人，都是靠長時間勤奮練習，才能獲得

出道機會，因此都很珍惜得來不易的成果。雖然也有所謂的「網紅」，或上歌唱節目在短時間內爆紅者，但他們真實的身分，其實是經紀公司的「練習生」，早練習多年，並非民眾想像中的「素人」。

想出道 先得過五關

至於如何才能在韓國成為成功的藝人？以歌手為例，至少要「過五關」才行，也就是：天分──選拔──練習生──出道──成名。

第一關：天分

在全世界的娛樂圈都一樣，想成為藝人，一定要有「天分」。

剛提到，韓國藝人的社會地位高，「成為藝人」不只是許多小朋友的夢想，也能獲得家長支持。許多韓國家長，為了協助孩子圓夢，在孩子年紀還小時，就會砸錢培養他們的演藝實力。家長會送小孩去學習樂感、音準、節奏感或肢體動作，還會請專業人員來觀察小孩是否有天分，甚至讓孩子學習「吃苦」，測試他們的決心與毅力。

除了補習班外，家長也會鼓勵孩子參加各種藝能社團，尋找選拔的機會。

第二關：選拔

在確定孩子有天分與決心，能朝藝能圈發展後，接下來就是參加娛樂經紀公司的選拔了。

韓國有上百家大小娛樂經紀公司，業者定期舉辦海內外選秀會，從中尋找有潛力的新人。之前韓國業者就是來台舉辦選秀會，才相中咱們的周子瑜。

除了參加選拔外，想跨入娛樂圈的孩子還有另一途徑，就是在街頭表演，被動地吸引經紀公司注意（所以我才會在新村碰到那位辣妹吧），不少經紀公司也會定期到各地鬧區「巡邏」，避免選秀活動有漏網之魚。

無論透過選拔秀或在路上被星探相中的孩子，必要再經過專業面試。聽說，這場面試的問題五花八門，有時還會出現比「選美比賽」更尖銳的問題。業者會從中確認孩子的實力、可塑性、心理素質，甚至是表演尺度。許多孩子的明星夢，都會在這一關中斷，能從大型業者選拔面試中脫穎而出的，往往都是萬中選一、極具潛力的孩子。而通過面試後，孩子就能獲得公司的經紀約，成為所謂的練習生。

第三關：練習生

成為練習生的孩子，基本上就有「半條腿」跨入演藝圈了。

為什麼說是半條腿？因為在韓國，「練習生生涯」被形容成「走進第十八層地獄」，過程中的辛苦絕非外人能想像，無論身體、心理，都將接受殘酷的磨練。雖然練習生的天分與潛力已受經紀公司認可，但業者往往會將他們視為「白紙」重新訓練，包括舞蹈、唱歌、儀態、禮節、膽識、人際關係、心理，一直到文化、語言、演技、服從，甚至包含詞曲創作、樂器……等。

期間，練習生會被「軍隊化管理」，提供宿舍與基本生活需求，但大部分都不支薪（有些公司會提供零用錢）。

已經畢業的練習生，必須全天候在公司裡受訓；還在唸書的，

就要白天上課、晚上受訓，大部分練習生每天只能睡 3 到 5 個小時。據說，有些經紀公司對練習生非常嚴苛，不讓他們休假、不能上網，就連和家人通電話也會管控。當然，談戀愛絕對是被禁止的，同時也要接受飲食控制。雖然這些要求看似很不合理，卻能達到快速成長、確實學習的目的。

運氣好的練習生，經過 3 年練習後就能正式出道；但如果運氣不好，或實力不受肯定，就得熬個 7 或 8 年才能得到機會，甚至在過程中被淘汰，結束明星夢。

第四關：出道

練習生在完成所有訓練後，就能出道成為藝人了。但這群出道的孩子，往後就能順利在娛樂圈生存下去嗎？可沒那麼容易！

韓國娛樂業中，有上萬名練習生，能熬到正式出道已屬不易，但 KPOP 市場上，每個月都有數十個，甚至上百個新人出道，而且大部分還是「團體」。一般來說，寒暑假前是經紀公司推出新人出道的旺季，有時，數十個新團體在同周內出道，觀眾幾乎記不住這些新團體的名字，更何況是「個人」。

除非新藝人具備特殊身分，能被媒體與粉絲關注，否則，即使孩子出道了，大部分在市場上還是「NOBODY」，新人們開始面臨辛苦又殘酷的市場淘汰。大部分的出道藝人為了被觀眾認識，通常不會放過各種曝光機會，只要有活動參加，無論地點多偏僻、身體多不舒服、工作多不合理，都得咬牙撐下去，為的就是不讓自己那麼多年的努力白費。

也因此，韓國常傳出「娛樂圈潛規則」，不肖人士看中新人「願意犧牲任何事也要紅」的心態，以半利誘半強迫的方式，對新人做出不合法理的傷害。

第五關：成名

在通過前四關的考驗後，孩子才能成名，一圓他們的明星夢！

但現今韓國藝人實在太多，即使紅極一時的藝人或團體，如果不尋求自我突破，就很可能被喜新厭舊的粉絲給遺忘，甚至被其他新人的「後浪」給淹沒，最後失去表演舞台，離開影劇圈。

於是，所有已成名的韓國藝人，又得回到當初練習生的生活，犧牲自己的睡眠、婚姻、家庭與年輕歲月，時時刻刻想盡辦法保持自己的藝能實力。就像希澈一樣，即使已是天團成員，但依然勤奮地練習與工作。只不過，此時的壓力是自己給的，而非從經紀公司而來。

韓國人都知道，「勤奮」是成功藝人的必備要素，加上韓流成功占領全球舞台，因此他們普遍對娛樂界抱持尊敬與肯定的態度。而成功的藝人，不但可以名利雙收、改變家庭命運，在階級制度嚴謹的韓國，還有機會讓自己擠進上流社會。這也讓社會認同年輕人朝娛樂圈發展，成為一條普世道路。

「想在韓國當明星，不是只有長得帥、生得美、會在視頻裡搞笑，或拍個短片來搶網友的『讚』這麼簡單呀！」

JAMES 說話的同時，臉上透露出無比的驕傲，我想，他是真有道理的！

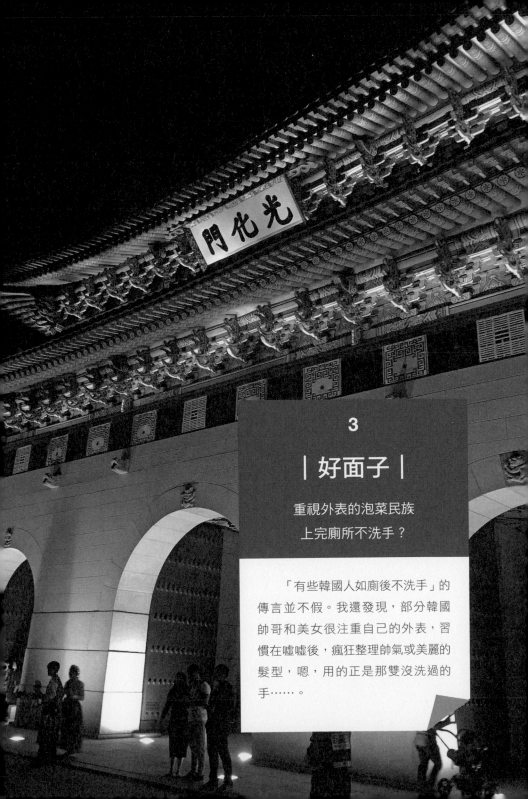

3

｜好面子｜

重視外表的泡菜民族
上完廁所不洗手？

「有些韓國人如廁後不洗手」的傳言並不假。我還發現，部分韓國帥哥和美女很注重自己的外表，習慣在噓噓後，瘋狂整理帥氣或美麗的髮型，嗯，用的正是那雙沒洗過的手……。

唉，我不否認自己是個哈韓族，15 年前開始就是，但從事這麼久的記者工作，也練就了敏銳的觀察力，還有……報導「真實」的習慣。

　　這項在韓國生活時的觀察，我要重申，並不是「所有韓國人」都這樣，而是「有些」。那就是，外傳的「有些韓國人如廁後不洗手」是真的。

　　每次回台灣，都會和朋友分享我在韓國 LONG STAY 的發現，每當我和大家分享這件事時，朋友們都嚇壞了。

　　我曾經「多次」遇到有些外表光鮮亮麗的韓國帥哥們，他們如廁後為了整理自己的髮型，站在公廁大鏡子前，死命地用手抓自己的頭髮，但卻不洗手。

　　我的馬來西亞同學敏敏也說：「又不是只有男人，我在公廁裡也看過韓國女生，上完廁所只記得補妝，但沒洗手就離開了……。」

　　「有些韓國人上廁所不洗手」這件事，在網路上曾被熱烈討論過。老實說，我在寫這本書前，曾經很認真思考過，是不是要寫這個議題，壓力感到頗大呀！

　　「怎麼會這樣詆毀我所喜愛的韓國？」

　　「以後怎麼面對那些愛面子的韓國朋友？」

　　「不怕以後過不了海關嗎？吃不到炸雞怎麼辦？」

　　唉，如果不是眼見為憑，我實在不敢這麼寫。

　　說真的，全世界都有人上完廁所不洗手，我也曾在日本和台灣，看過各式各樣的男人（當然，我可不敢硬闖女廁），象徵性地讓「那兩根手指頭」沾沾水，交代性地「表演洗手」。

　　點出「有些韓國男人如廁後不洗手」，其實不是要突顯韓國人衛生習慣差，而是想點出「重視門面」這檔事，對韓國人的重要性。

男公廁奇遇記

　　這回 LONG STAY 的初期，我為了租首爾的房子，透過網路找到一位懂中文的不動產仲介 BRYAN。

　　我們第一次碰面時，約在他辦公室附近的連鎖咖啡廳。BRYAN 知道我們的需求後，用平板電腦介紹了很多房子給我和戶長，之後就準備帶我們去看屋。在離開咖啡廳前，我和戶長分別去上了大樓裡的公廁。

　　一如往常，噓噓完，我到洗手檯洗手，這時，眼角餘光瞄到一位韓國中年大叔，上完廁所後，直接就從我身後離開了（嗯，沒洗手）。

　　「可能趕時間吧！」我這麼想。

　　當我雙手抹上肥皂（注：韓國有很多公廁，還在使用被塑膠網子吊起來的肥皂，而不是洗手乳），這時，身後又站了一位噓噓完的年輕帥哥。

　　由於左手邊的洗手檯沒人在使用，我很好奇，這老兄不去洗手，站在我後面幹嘛？（我趕忙夾緊屁屁）

　　接著，我又透過面前的大鏡子瞄了帥哥一眼，他依舊站在我身後，和我共同照著那面大鏡子、撥了撥頭髮，擠眉弄眼了一翻。接著，沒洗手就離開廁所了。

　　「靠！不洗手嗎？好奇怪？」我撕了一旁的紙巾，邊擦手邊皺著眉頭。

　　正當我把紙巾扔到垃圾桶，又有個穿著制服的高中生，從廁所裡解放完衝了出來，繞過我往廁所外走，還拿出手機，透過手機的鏡面螢幕，整理頭髮。

　　「哇咧！他也沒洗手耶！」

　　過去，我經常到韓國旅行，但從沒去注意「韓國男生上完廁所

洗不洗手」這件事，但那天讓我「上一次廁所就碰到三個男人不洗手」，真的嚇了一大跳。

　　為了避免讓 BRYAN 不爽，也不要讓人家覺得咱們台灣人很失禮，有關這場「廁所奇遇記」，我剛開始都忍著不提，即使心中真的很想問他：「韓國男人上廁所不洗手嗎？」

　　一周後，我們終於租到房子，在 BRYAN 辦公室簽約。由於保證金（租金）匯款需要時間，過程中他很熱情地邀請我們，到大樓後面的豬肉湯飯食堂吃便飯。

　　一般的韓國上班族工作都很忙碌，不喜歡浪費時間在中飯上，BRYAN 唏哩呼嚕就把眼前的豬肉湯飯給嗑了，然後，從包包裡掏出牙膏和牙刷，一句「請等一下」，就往公廁裡跑。

　　「不會是去食堂公廁裡刷牙吧？」我問戶長。

　　「廢話，不然拿牙刷去刷馬桶喔？」戶長吐我槽。

　　「但是，這食堂廁所，味道不大好耶？！」

　　於是我假裝要噓噓，好奇地去公廁裡一探究竟。果然，BRYAN 就在味道複雜的廁所裡刷牙，而且身旁還有另一個陌生男人，和 BRYAN 一起張大了嘴刷牙！

　　廁所裡很熱鬧，除了刷牙 2 人組，加上在小便斗前假裝噓噓的我外，還有一位大叔站在我身邊「洩洪」。（隱約還聽到有人關著門，在劈哩啪啦地「種芋仔」）接著，身旁那位洩完的大叔，抖了抖、拉上拉鍊，走到洗手檯前，卻發現洗手檯被刷牙 2 人組霸占了，然後他站在 BRYAN 後面，拉拉衣服，瀟灑地離開了！（對啦，又一個沒洗手的韓國人）

　　吃完飯、簽了約，我實在忍不住，白目地問了 BRYAN：「韓國人平常都習慣在公廁裡刷牙嗎？」

　　他笑說，很多台灣人都問他這個問題。

　　BRYAN 的解釋是，韓國牙醫的收費很高，萬一蛀牙就要大破

費，所以人人都很重視口腔衛生，養成飯後刷牙的習慣是必須的。

如果碰到食堂裡沒有廁所，還會特地跑到地鐵的公廁裡刷牙。

「有這麼急嗎？牙線剔一剔，回家再刷嘛！公廁味道又不好，萬一有人在裡頭拉肚子也照刷啊？」

「不行啦！萬一有菜渣卡在牙齒上怎麼辦？很醜、很不禮貌啊！」（BRYAN 話一講完，我趕快拿出手機，看看自己牙齒上有沒有卡豬肉或韭菜……。）

BRYAN 又說：「你是不是還想問我，韓國人上廁所為什麼不洗手？」

「你怎麼知道我要問這個？」

「台灣人和日本人常這樣問……。」

BRYAN 又解釋，大部分韓國人的衛生習慣還是很好的，都會記得洗手（我懷疑）。但有些人個性很急，如果有其他事趕著處理，又不想排隊浪費時間，就有可能「忘了」或「忽略」要洗手，但這只是少數。

「沒洗手的人不少耶！但幾乎每個人都會在廁所裡整理頭髮……。」我不怕死地打槍 BRYAN。

「好吧！我不否認，韓國人真的很注重『門面』，這件事在某些人心中，或許比衛生習慣重要，但，不是每個韓國人都這樣啦……。」

「韓國人注重外表」的現象，不只在廁所裡可以發現，只要是有鏡子的地方，無論地鐵站、百貨店，隨時都可以看到韓國人站在前面整理儀容。

由此可見，韓國人注重這件事是真的，但他們對於「看不見的地方」，似乎就沒那麼在意了。明洞的小巷子就是最佳案例。

禁菸區裡的吸菸巷

　　到首爾觀光的亞洲遊客，幾乎都會到「明洞」朝聖，買化妝品、買衣服、逛包包、吃韓國料理。

　　不過，這幾年的明洞有一項很大的改變，就是這裡已經全面禁菸。

　　現在的明洞大街上，經常有稽查員巡邏，不知情的遊客如果把菸掏出來，就會被稽查員請到吸菸區。這個規定，讓過去都是二手菸和滿地菸頭的環境髒亂問題，「似乎」已經得到解決了。

　　為什麼說是「似乎」？因為只要你走進這區的小巷子就會發現，根本就回到原本那個菸害問題嚴重的明洞。

　　有天，我和一位台灣朋友約在明洞碰面，提早到的我先四處繞繞。

　　明洞商家的服務員很厲害，他們常會站在大街上攬客，而且來往的客人即使不開口講話，他都能從穿著打扮，精準地判斷眼前路人是來自哪個國家。

　　藥妝店前有位長得不賴的美女服務員，一看到我就用不很流利的中文，請我進店裡「看看」。我則用韓文反問她：「離這裡最近的吸菸區在哪？」

　　結果，熱情的美女店員放下手中廣告看板，要我跟著她往一旁的小巷子走，然後掏出菸，和我邊抽菸邊聊起天來（你也想來把妹嗎？當然可以，但吸菸有害健康啊）。

　　這條窄巷大約只有1米寬，裡頭卻擠滿了抽菸的男男女女，看他們的穿著，大部分都是商店服務生或餐館裡的廚師。

　　「明洞不是禁菸嗎？不必去吸菸區啊？巷子裡可以嗎？」擔心被取締的我這樣問她。

　　美女店員回我，吸菸區離店裡太遠了，大家為了方便，都會躲

進小巷子吸菸。

由於這巷子裡沒菸灰筒，地上菸頭幾乎比外頭的人潮還多，加上韓國人習慣邊抽菸邊吐痰，在巷子裡走路，不小心還可能「腳滑」，一點都不誇張。

我又問她：「但你們把菸頭都丟地上，不會被罰錢嗎？」

美女店員回：「稽查員只巡大街，大街乾淨就好，他們不會管到小巷子來。」

她的意思是，禁菸政策是為了讓門面（大街）看起來體面，至於小巷子這些看不到的地方，遊客通常不會進來，就不會破壞商圈形象，管理員多半不管。

這種「在乎門面、不重視裡子」的事，的的確確存在於韓國社會。明洞的禁菸區是個例子，有些韓國人上廁所不洗手（反正沒人看到），卻一定要刷牙（怕牙齒上有菜渣破壞形象）也都是。

但沒想到，韓國人在職場上也超級「重門面」。

STEVE 是位華裔加拿大人，他被公司外派韓國 3 年，也交了韓國女朋友。

有天，我和他談起韓國人「很注重外表」這件事。他也表示，相較於歐美企業重視員工的學經歷與能力，韓國企業卻異常地重視員工或求職者的外表。

有次，他和韓國分公司主管一起面試新人時發現，韓國主管除了看求職者的學歷外，面試時更重視對方的外貌與穿著打扮。

他說：「韓國主管看完面試者的學歷後，居然就開始討論起對方的長相、穿著體不體面，還有髮型適不適合業務工作，實在太重『外在美』了。」

不過 STEVE 也和我分享了他的另一個觀察。

雖然韓國社會這種「外表取勝」的行為似乎很變態，但韓國人也有自己的一套道理，他們認為，如果連自己能掌控的「外表」都

打理不好、可以花心思就解決的問題卻不積極去面對，那面對工作的挑戰，恐怕也不會花心思去應對。

「我勸你，最好別和韓國人提到『只重外表、不重內在』這件事。」STEVE 說。

「為什麼？」

「那天我回家，在女友面前批評韓國主管的用人標準，結果她氣得半死，說我不了解韓國人、不尊重他們。然後，明知道我不吃辣，卻連續二天準備了白飯加泡菜當晚餐……。」

其實，面試官除了新人的學歷外，將「外表」視為用人標準的習慣，如今已慢慢修正中，但年輕人面對職場競爭時，再去討論「為什麼主考官這麼重視外表」這個問題，已經沒有什麼意義。於是，年輕人除了努力學習取得好文憑外（韓國依舊是學歷至上的社會），依舊會花點時間去修鼻子、化濃妝、做髮型來強化自己的門面，他們普遍認為，盡力調整外表去獲取工作機會，是積極與務實的作法。

說實在的，我不會用「金玉其外敗絮其中」來形容韓國，畢竟，如今的韓國已不是虛有其表，無論是他們的商品品質或是人力素質，都已提升至國際水準，花點時間讓自己更漂亮或帥氣，何罪之有？

「你是說，如廁後不洗手，還要摸摸自己的頭髮，就代表這個人很積極、很務實？」喜歡吐槽的戶長這樣問我。

「當……當然不是啦！你管人家那麼多，自己的手有洗就好了！」

至於上廁所不洗手的行為，我都用「有些人」來形容，真的並不是「全部」。但究竟這個「有些」比例有多高？

老實說，我沒興趣去統計……，下次你到韓國旅行或出差，請忍著異味，多在公廁停留幾分鐘，多觀察一下，然後再上網告訴大家吧！

韓國人個性很急，也不喜歡排隊。圖為韓國職棒的電子取票機。

4

| 很猴急 |

「八裡八裡」，
管它咖啡灑滿地！

韓國人普遍個性都很急，擠地鐵
的韓國大媽就是最佳代表，但我聽
說，連韓國 A 片的劇情也很急……。

國中數學老師外號老董，他有個口頭禪：「快點快點……慢慢來」！

　　個性很急的老董，看到學生解數學題時動作太慢，就會催大家「快點快點」；一但發現有人粗心算錯題，又會要我們「慢慢來，不要急」（搞得我好亂啊）。於是「快點慢慢來老師」，就成了他的第二個外號。

　　我在韓國生活時，經常想起這位老師，更懷疑老董的真實身分……會不會其實是韓國人啊？因為，很多韓國人和他一樣：「超級猴急」。

　　韓國人的急性子，隨時都「聽」得到。

　　「八裡八裡」，韓文指的是「快點快點」，如果你去韓國旅遊，或在那裡生活一段時間，一定常聽到有人這樣喊著。當然，韓劇裡也經常出現。

　　到底韓國人的個性有多急？我舉幾個例子讓你知道。

　　曾經有位台灣朋友去韓國旅遊，在超市裡大買特買，但為了省下信用卡手續費，他堅持用現金付款。但很少去韓國的他，偏偏和韓國鈔票「很不熟」，結帳時，多花了幾秒鐘時間來辨認韓鈔。這時，在後面排隊等結帳的大媽，卻不耐久候，眼見台灣朋友正翻著皮夾辨識鈔票，大媽居然伸出手來，直接從朋友皮夾裡抽出正確鈔票交給服務員……。

　　根據我那朋友的形容，當下自己的確有點受到驚嚇，甚至有些生氣。但他回頭望了大媽一眼，發現大媽對著自己微笑，接著又說了一串的韓文，應該沒有惡意，搞不好大媽還很自豪幫了外國人一個大忙……。

　　說真的，大媽的舉動似乎是誇張了些，也不是很禮貌，為了早點輪到自己結帳，急著伸手去拿別人的鈔票。如果演變成糾紛把事

情鬧大，實在很不好。

我想，這位沒耐性的大媽，也反映出大部分韓國人的急性子特質。

另外還有一個案例，發生在我自己身上。

西江大學附近有家名為「麻浦烤肉」的食堂，店裡採半自助式，還有「自助煎蛋區」，讓客人自己煎蛋，愛吃多少顆都請自己煎。

有天中午，店裡生意特別好，擠滿了大學生，正在煎蛋的我，就站在鍋子前面等蛋熟。我喜歡把蛋「煎得赤赤」（煎焦一點），所以習慣讓雞蛋多在平底鍋上躺一會兒。

這時，電話響了。我怕自己講電話，不小心把口水像流彈一樣噴到鍋子裡，於是轉過頭接了電話。沒想到，就轉身接了 20 秒的電話（對方打錯了），回頭一看，我的蛋呢？（喔，是我煎的蛋呢？）

原來，那顆蛋已經被人盛了出來，放在一旁的小盤子上。然後，還有位大學生正開心地在煎自己的新蛋。（喔，是自己要吃的雞蛋……）。

喵的咧！我想，蛋就是被他盛出來的，多等個幾秒鐘會死嗎？實在無法理解，我還站在鍋子前面，這大學生何以認為「蛋熟了」，就自作主張地把蛋給剷出來。

後來，這老兄看到我講完電話，臉露微笑，熱心地把「躺著半熟蛋」的盤子交給我。感覺就像那位「幫遊客選鈔票」的超市大媽一樣，自以為幹了件善事。

連 A 片都快狠準

韓國曾有個益智型電視節目叫《Quiz Show》，節目上曾針對「性急的韓國人最常出現什麼行為」這個問題，提出 4 個選項，讓

500 位韓國人做問卷調查。

　　第一個選項是：烤肉時，肉還沒熟就不斷地翻面（希望肉快熟）。

　　第二個選項是：熱咖啡機沖出來的咖啡還沒全部流完，就急著拿出來。

　　第三個選項是：泡麵還沒泡到 3 分鐘就想打開來吃。

　　第四個選項是：打電話給對方，對方通話中，就會一直打到對方接通為止。

　　讓我印象深刻的是，現場來賓看到這四個選項後，竟然頻頻搔頭說：「這幾個選項我都有耶」、「這不是標準韓國人都會做的事嗎」……。

　　從這個案例中可以看出，韓國人的個性真的很急！韓國人自己也不否認。

　　首爾醫科大學一位李教授曾在「現代韓國人的國民特性」一文中指出，性急、不懂得等待、期望立即有成果而缺乏縝密計畫，是韓國人喜歡求快的個性特質。

　　不只我覺得韓國人急，日本人也是。

　　「韓國連 A 片都演得很急呀。」日本同學 MAYU，果然是年過 70、見多識廣的阿媽級人物，就連韓國 A 片的節奏都知道！

　　她形容，一般日本 A 片有很多前戲或劇情鋪陳，但韓國 A 片經常第一幕就直接來場血淋淋的性愛畫面，後頭劇情也不怎麼精彩，幾乎是脫了衣服就直接演，有些甚至連脫衣服的過程都省了，真不知他們在急什麼……。

　　其實，我也看了一些些韓國三級片（當然沒日本 AV 多），雖然某些片子劇情還算精彩，但脫衣服的片段真的不多，往往酒醉後就直接倒床上了。導演似乎沒時間讓觀眾醞釀情緒，喜歡直接切入重點，真的是很急啊！

另外，在韓國也常聽到「這樣太麻煩了」的類似對話，可見韓國人做事喜歡乾脆、直接，不喜歡繁瑣的流程，其實，也就是「急」啦。

　　韓國有很多傳統食堂，裡頭都是席地而坐，客人必須脫鞋才能進去用餐。眼尖的外國遊客可以發現，韓國客人脫在門口的鞋子，大部分都是不需要綁鞋帶的類型，即使有，鞋帶也都是鬆的，方便他們省下穿鞋子、綁鞋帶的時間。

　　JAMES 就承認，韓國人覺得「綁鞋帶」是件很繁瑣的事，即使是有鞋帶的運動鞋，也要把鞋帶繫得鬆鬆地，可以直接把鞋子往腳上一套，快快離開。

　　不只懶得綁鞋帶，韓國人連「簽自己的名字」都嫌麻煩。

　　韓國已經走向「無現金」的支付社會，大部分都使用銀行卡或信用卡消費。客人刷完卡後，店家理應讓客人在觸控螢幕上簽名。但幾乎所有韓國人，都只會在螢幕上畫一道線，因為要簽名，「實在太麻煩了」，畫線就等於簽字了！

　　我自己也碰過，把卡片交給櫃台後，服務生直接利用卡片的一角當觸控筆，直接幫我在螢幕上畫押，這個行為根本就是「店員幫客人簽名」！

　　JAMES 說，那是因為有些客人嫌畫條線都麻煩，店員只好代為畫線……。

　　雖然這種支付習慣，必須在消費者與商家百分百信賴的環境下才能存在，但我相信，雙方都在「求快的需求」下達成協議，久了，也見怪不怪了。

　　我認識的韓國朋友，大部分都承認「韓國民族性比較急」，「凡事求快」下，也的確讓韓國經濟快速起飛，因此，過去的韓國人並不認為「急」是不好的。但近幾年來，韓國人的急性子卻為自己帶

來傷害，開始嘗到苦果。某些人體認到「慢工出細活」的道理，只是短時間內想讓韓國人改掉「沒耐性」這種個性恐怕不太容易。

「我們喜歡用快速來換取時間，再用時間來換取成本，在企業追求低成本來增加產品競爭力的同時，一切都必需要『快』。只是動作一快，東西就不夠細膩；愈急，麻煩就愈多……。」

說話的是 JANNY，她是位華文韓國導遊，曾經在台灣生活過，能感受出韓國人相對比台灣人沒耐性這件事。

但她認為，這幾年韓國發生客輪沉沒、列車追撞、建築坍塌、客運站及療養院大火事件，造成嚴重傷亡。雖然日後都證實是因為違法的人為疏失，但背後真正的殺手，就是「求快」。

建築工程求快 釀悲劇

例如 1995 年發生三豐百貨大樓塌陷事件，造成超過 500 人死亡，財務損失達 2700 億韓元（約新台幣 77 億），JENNY 認為就是業者「求快」所導致。

當時，三豐集團計畫要在垃圾掩埋場預定地上蓋一棟 4 層樓辦公樓，但打地基時卻決定把辦公室改為百貨公司，並去掉部分承重柱，省下空間蓋手扶梯。原本的工程承包商以安全為由與三豐解約，三豐卻讓集團建設公司接手施工。事故發生後的調查發現，大樓倒塌是因為承重柱不足、且柱裡鋼筋從原本的 16 條減為 8 條（改設計、換承包商的劇本，好像台北市那顆蛋……）。

不少韓國人都認為，雖然「偷工減料」是事件發生的主因，但三豐偷工減料並非真的要節省成本，事件背後其實是為了「加速完工」、「儘快營業」，導致工程品質粗糙而出事。

我的韓國住處旁邊有棟 3 層樓老公寓，不久前進行拉皮整修。儘管韓國有勞基法保障勞工工時，但這場工程幾乎是不眠不休，即

使三更半夜禁止重施工發出噪音，但工人可沒閒著，持續進行細部小工程，大約 2 星期就完成拉皮了。

有天，我和懂中文的大樓管理員（我都叫他親切兄）閒聊到：「韓國人做工程的動作真的好快呀！」

親切兄說，很多韓國企業在國內外參與工程競標，都是靠低價而勝出。雖然標金壓低，不一定就會偷工減料，但公司都會要求工人「急行軍」，要在最短時間內完工來降低成本。

「這樣不是違法又不人道？」我問。

「是有點沒人性，但企業雖然求快但也肯付錢，重賞之下必有勇夫，工人也願意放棄法律保障，因為這樣賺工錢比較快，所以都能趕在工程日完工。」

親切兄嘆了口氣又說：「快，不一定是好事啊！昨天我老婆就抱怨我⋯⋯。」

「啊？」我以為親切兄要開黃腔了。

「抱怨我為了讓開水快點變冰，把裝滿水的塑膠壺丟進冷凍庫，結果忘了拿出來，水壺就爆了⋯⋯。」

韓國人生活中因為操之過急而鬧笑話、出狀況的案例很多，但有兩件事卻「很不急」，這讓我有點驚訝，而且一定要為韓國人平反。

一件事是在電梯裡，一件事是在公車上。

講回我的住處。那是棟住商混合大樓，我就住在 13 樓，每天都要搭電梯來來回回好多趟。台灣的電梯禮儀，通常會由在電梯裡面最靠近按鈕的乘客，在所有人都進電梯後，幫忙按「關鈕」，讓電梯往上或往下運行。

想像中，個性比台灣人急的韓國人，應該是在乘客進電梯後，負責按鈕者會立馬按「關」鈕，甚至因為沒有耐性，希望電梯門快

點關上而狂按。這動作就像有人尿急,想快點搭電梯上樓回家解放而狂按那樣。

但根據我的經驗,10次搭電梯時,有7次「沒人去按開關鈕」,大家只顧著滑手機;另外3次則會有人正常地按鈕。一年多來,我只見過一位辣妹急著上樓,連續按了3、4次按鈕(可能真的是尿急吧)。

我問JANNY,韓國人不習慣按「關」嗎?JANNY回答也很妙,她說,電梯自己會關啊?幹嘛去按?

另一件「不急」的事,則發生在公車上。

首爾搭公車有項規定:「前門上車刷卡」、「後門下車也刷卡」。我經常在非上下班時間搭公車,也常看到公車司機會等大叔大媽上了車,甚至會讓他們就定位後,才踩油門起步。

此外,大叔大媽們在下車前會先按鈴,但不會像台灣人一樣,車子還在行駛就站起來往門口鑽。他們會在公車靠站停妥後,才從座位起來往後門走,司機也不會催他們,甚至還有廣播,要求乘客必須等公車停下來後,再站起來。

我曾經在台灣的報紙上,看到一篇「引用日本新聞」的報導,說韓國人搭電梯會猛按按鈕、搭公車會急著下車。但比起台灣,韓國人在這兩方面似乎更有耐性。

JANNY說:「對啊!對啊!韓國人都知道要改掉『太急』這個壞習慣。」

不過,那天JANNY用平板電腦查「三豐百貨大樓塌陷事件」給我看時,由於網路速度太慢,卻面露不耐煩的表情,手指還猛按reload鍵……。

我說吧,想改?沒那麼容易啦!

5

｜直腸子｜

有屁快放、有事明講，
少來拐彎抹角這套！

　　可能和「求快」也有關係，韓國人為人處事喜歡直接，讓對方馬上能明白自己的意思，所以不愛拐彎抹角。他們認為，太過委婉的表達方式顯得虛假，而且浪費雙方寶貴的時間，甚至容易造成誤會，所以，韓國人都是直腸子。

到朋友家做客，女主人燒了整桌菜，偏偏不合口味，大部分台灣人應該還是會客套地稱讚對方的手藝。但你猜猜，直腸子的韓國人會有什麼反應？

　　那天，JAMES 帶我到首爾龍山電子城買無線分享器，找了個大型店家詢價後，JAMES 直接回嗆服務員：「怎麼可以賣那麼貴？」然後拉著我轉頭就走了。

　　接著，我們到烤肉店用餐，買單時大媽發現我是外國人，隨口問我：「好吃嗎？」沒想到 JAMES 搶著回答：「肉太硬，分量也太少了。」

　　晚上，我們約了兩位認識不久的韓國姐妹花 ABBIE 和 ALICE 出來唱歌，妹妹 ALICE 戴了頂剛買的白色帽子獻寶，問我好不好看？我說：「好看，好看！」

　　你猜 JAMES 怎麼說？

　　「你戴這頂，看起來，臉變很大！」

　　這讓我當場嚇出一身汗。哪有男生這樣對女孩子說話的？

　　不過，在韓國生活久了就會發現，韓國人就是這麼直腸子，說話不喜歡拐彎抹角、遮遮掩掩。即使這種行為很容易讓台灣人覺得「被韓國人嗆」，但有時候，做起事來、交起朋友，反而因為沒有心機，誤會也比較少。

講話超直白 是藝術

　　JAMES 小我 10 歲，是位平時很有禮貌，也很客氣的年輕人，平常和我練習韓文時都會對我說「敬語」。

　　所謂的「敬語」，有點像我們用中文稱呼對方時，不用「你」而改用「您」。在使用敬語時，某些單字會有變化，句尾也會改變（例如在句子後方加「YO」，所以韓劇對話時會 YO 來 YO 去的）。

韓國人習慣透過敬語，表達對談話者的尊重。對年長者、地位較高者，都會使用敬語，但對晚輩就會講「伴語」，這也是他們社會階級文化上的一種表現。

即使我和 JAMES 認識一段時間，他仍堅持和我講敬語，一方面是讓我學韓文時，能習慣使用敬語，另一方面則是因為我比他年長。

但明明講話很客氣、很有分寸的 JAMES，怎麼對商店老闆、食堂大媽，還有只見過 3 次面的姐妹花這樣說話？會不會太直接了？

話說回我們和姐妹花的約會。那天歌唱到一半，我又聽到 JAMES 對姐姐說：「你的拍子漏掉了啦！」

我趕緊拉著他到樓下抽菸（吸菸有害健康呀），對他說：「JAMES，這樣會讓女生不開心呀！」

他疑惑地問我：「什麼事會惹她們不開心？」

「你說妹妹臉大、又說姐姐歌唱不好，不好吧？想死啊？」

JAMES 眼睛張大大地回我：「不會吧？我只是說出實話呀！」

再舉個例子。台灣人到朋友家做客吃飯，如果女主人的手藝很普通，你會怎麼說？

「嫂子真會做菜」？

「手藝真棒」？

「滿合我胃口的」？

「下回請教教怎麼做這道菜」？

同樣的問題，我當下也問了 JAMES。他的回答是：「如果不夠鹹，我會請她下次料理時做鹹一點；如果難吃到吃不下，我會問對方，有沒有拉麵可以吃飽。」

「你不怕對方生氣？」

「生氣？那你就不了解韓國人了！我又不是『罵』對方，是為

了讓對方進步啊！下次放鹹點，我會大聲稱讚食物好吃，不是很好嗎？否則，下次我再去做客時怎麼辦？」這是 JAMES 的邏輯。

JAMES 還告訴我，包廂裡的韓國女生，不會因為嫌她臉大或歌唱不好而生氣，最多是找藉口（例如說是帽子買錯了），或之後自己到「單人包廂式 KTV」練歌，下次再唱給大家聽。

果然，進了包廂後，那位被嫌臉大的妹妹 ALICE 就跟我抱怨：「都是我姐姐啦，我就說帽子不好看，她還說可以買，明天再去買一頂！」

JAMES「特殊的說話藝術」，當然不能代表所有韓國人都這樣，但比起台灣或日本人習慣於婉轉的表達方式，多數韓國人除了個性急外，直腸子也是他們共同的共通特徵。

然而，韓國人可不習慣「拐彎抹角」，「客套」這件事，有時並不是他們的強項，取而代之的是直接、開門見山。

不過，表達直接的韓國人，並沒有對其他人「不敬」的意思，有時是為了「方便大家做事」。

搞清楚 問你年紀是禮貌

從事金融業的 KIM H.J.，是我在韓國認識的第一位企業經理人，他也幫我上了一課，有關「說話不夠直接」所造成的誤會與不方便。

「登山」是韓國的國民運動，不知道為什麼，首爾人特別愛登山，假日時，地鐵裡都是登山的人潮，無論男女老少都常全副武裝去爬山。（我不懂的是……其實首爾的大山並不多，大部分只是戶外步道，幹嘛需要那麼專業的裝備）。

有段時間，KIM 連續幾次約我去登山，但對於登山「零興趣」

的我，都找各種理由婉拒他，無論是準備考試、肚子痛、有同學聚餐……，都成了我的藉口，連「必須待在家等快遞送貨」這種瞎理由都用上了。但KIM還是不斷提出邀約，說真的，讓我有點困擾。

就這樣折騰了差不多一個月，有個星期五，H.J.變了！他改邀我去釣魚！

「好啊！釣魚！這個我喜歡！」

終於，我們一起相約去海邊釣魚。

路上，KIM說：「你之前沒跟我們去爬山，真是可惜，山上風景和空氣都很好，下星期，我再帶你去體驗一下吧！」

啊咧！我被他嚇著了！只好老實告訴KIM，自己其實不愛登山，只對釣魚有興趣。

他才恍然大悟：「原來是不喜歡登山啊？那就直接告訴我呀！我以後就直接約你釣魚就好了……。」KIM完全沒有不開心的樣子。

我告訴KIM，台灣人習慣比較婉轉地拒絕對方，不像韓國人那麼直接。而我就是怕澆熄他約我去登山的熱情，太直接，會顯得不太禮貌。

事實上，韓國人的直接，可以避免雙方的誤會，更能省下「猜猜看對方真正感受」的時間，讓處理事情更簡單化，也比較有效率。

「但是說話那麼直接，不怕得罪或刺傷對方嗎？」我問。

KIM說：「朋友間哪有那麼容易『被刺傷』啊！如果浪費彼此時間，甚至造成誤會，那才不好吧？」

每次聽到台灣朋友批評韓國人表達太直白、沒禮貌，我都會把JAMES和KIM的想法提出來和大家分享。我甚至覺得，只要理解韓國人的直白並沒有惡意，有時和他們交往，比和日本人相處更輕鬆，因為不必花心思去擔心自己哪裡得罪了對方而不自知。

此外，也有台灣女性朋友跟我抱怨，「韓國人根本是『太直接

到沒禮貌』，明明不熟，居然第一次見面就問女生年齡？」

　　有關這件事，其實和韓國人態度直白沒關係，也不是他們很無禮。會第一次見面就問對方年紀，反而是「為了禮貌」。因為，他們必須了解對方的年紀，確認雙方誰是長輩、誰是晚輩，方便兩人之後的對話該用「敬語」還是「伴語」。韓國人如果不問清楚彼此間的年齡，萬一「對長輩沒講敬語」，那就真的是大不敬了！（除非長輩允許晚輩不必使用敬語）

　　反之，如果兩人是平輩關係卻一直使用敬語，那反而會顯得自己不親切、很難拉近關係。

　　不過 KIM 也說，面對初次見面的女孩，除了年紀外，最好還是別問太多別的事，猛問人家有沒有男朋友？喜歡什樣的男人？家住哪裡？那肯定被列入「不受歡迎的怪大叔」名單了！

6

| 很好勝 |

凡事爭第一，
94 不服輸！

　　韓國人不只注重外表，還很愛面子，而且任何事都想爭第一。我認為，這種「好勝心」與生活壓力，以及長期受鄰國侵略的歷史有關。不過，太過好勝之下，有時難免會「強辯」或「不擇手段」來保住面子，也成了部分台灣人不喜歡韓國的主因。

不可否認，即使台灣有不少哈韓族，但反韓族的人數可不少，韓國這個國家的形象，在老一輩的台灣人心中也不怎麼好。

　　「為什麼討厭韓國人」？可能有八成答案都是「他們運動比賽愛作弊」。我認為，韓國在運動比賽上會有小動作，應該是源自大韓民族的「好勝心」作祟。

　　上一篇提到「讓妹妹臉變大」的那頂帽子，結果妹妹 ALICE 責怪姐姐，說帽子是姐姐 ABBIE 選的。這件事，最後傳到姐姐耳裡了。

　　那天姐姐 ABBIE 就向我抱怨：「拜託，我眼光沒問題好嗎？我看中的是另一頂黑帽子，明明是她自己嫌黑色那頂太貴，硬要挑白色那頂便宜的……。」

　　這對姐妹很鮮，為了一頂帽子鬧不愉快，妹妹怪姐姐，姐姐又吐槽妹妹。但更有趣的還在後頭。

　　隔幾天，我和妹妹語言交換，這回她手上拎著一個袋子，裡頭裝了 3 頂新帽子，有紅的、灰的，還有頂花的。ALICE 一頂頂戴給我看，頻頻問我：「戴這頂臉會不會大？那這頂呢？」還說：「臉再大下去，我就存錢削骨。」

　　韓國人的好勝心，對於習慣「剛好就好」、「過程比結果重要」的台灣人來說，實在「有點超過」。

　　有時我還覺得，他們為了面子而去爭辯誰對誰錯，甚至很不理智地編出各種理由，真是好勝到了極點。即使不是每個韓國人都那麼好勝，但當你碰到韓國人倔起來的時候，還真有點受不了。

　　韓國人的好勝心不只是「臉大臉小」的問題，在首爾滿街的娃娃機店裡，也看得出來。

　　有天，我到首爾水踰市鬧區裡抓娃娃。年輕時在台灣已經繳過不少學費的我，很順利地在一間娃娃機店裡，夾出 2 隻行李箱般大

小的娃娃。

　　說起夾娃娃這檔事可不簡單，不但要注意爪子角度、娃娃重心、距離洞口的位置，還得懂得甩爪等各種技巧，甚至要觀察機台，是不是剛被玩過很多次，導致線圈過熱而降低爪力（我在考慮要不要寫本韓國夾娃娃遊記呢！）。

　　總之，那天我花了韓圜 5000 元，約新台幣 150 元，下爪 6 次就贏了 2 隻大娃娃（容我再臭屁一次），更讓圍觀的韓國大學生驚呼連連。

　　人群中有對情侶，女學生很可愛，長得像林心如（這很難得啊，韓國人眼睛要像心如一樣大可不好找）；男朋友外表也不賴，像李富城，不對，是郭富城！

　　話說水踚郭富城看到我的大袋子裡贏了 2 隻娃娃，以為這大娃娃很容易夾，也躍躍欲試（想必是為了討好身旁的心如妹），於是他換了散鈔來挑戰同一個機台。

　　剛說過了，機台爪子容易因為長時間使用，導致線圈過熱而降低抓力，加上我才剛抓出 2 隻娃娃，系統「保證夾取」已經重新計算（請客倌自己 google 什麼是保夾），短時間內想讓娃娃再出貨並不簡單，更何況他還是新手。

　　眼見富城兄千元鈔票一張張地餵機台，餵完了再換 1 萬元來餵，但娃娃卻怎麼也夾不出來。外頭下著雪，他老兄卻汗如雨下，心如妹也從原本的開心尖叫（許多次都以為娃娃要被夾出來了，卻又失敗收場），漸漸地轉為默不吭聲。

　　然後，兩人又換了 1 萬、2 萬元來餵機台。

　　我原本想勸對方，換個機台碰碰運氣，別再好勝，浪費錢在這台機器上。不過本人是「俗仔」一枚，怕對方惱羞成怒怪我多管閒事，於是作罷，默默地滾到一旁，看其他人玩跳舞機。

　　5 分鐘後，這對情侶悄悄地走到我身後，兩手空空的富城兄擺

個臭臉，「戰績掛零」，看來他們是放棄了。

　　過了 3 分鐘，我又走回富城兄玩過的那台娃娃機，發現有隻娃娃角度很好，機台又已被富城兄餵飽了，距離保夾時機不遠，而且機台也暫停過一陣子，於是我掏 1000 元試運氣，沒想到，第三隻大娃娃就這樣，又被我夾出來了。我彎下腰把娃娃抱出來，轉身一看，富城兄面無表情地望著我，心如妹似乎也不太開心。

　　當時的直覺是「此時不宜太過招搖」，於是本人眼神一閃，跑到一旁假裝滑手機。沒想到，不死心的富城兄又掏錢，回到那台機器繼續奮鬥……。

　　至少又花 2 萬元吧（我只敢斜眼偷偷看他），娃娃還是不出貨，我則識趣地抱著娃娃步離開。

　　步出店門口時，我還聽到，有人在店裡「踹台子」……。

　　從水蹓富城的個性就可看出，「某些」韓國人有多好勝，沒達到目標是件多沒面子的事啊？怎麼可以就此放棄？

　　但有時，韓國人嚴重的好勝心演變成「固執」，還用在耍嘴皮子上，真是「愛辯解」透了。

吃狗肉 顧健康？

　　我曾和一位食堂老闆（卜老闆）進行過語言交換。

　　有回，我在首爾新堂中央市場看到兩個狗肉攤，光明正大地擺著冷凍庫作生意，引發我「韓國到底有多少人吃狗肉」的好奇心，於是和卜老闆聊起「韓國人吃狗肉」這個話題。

　　卜老闆說，其實大部分韓國人不吃狗肉，甚至痛恨這種行為。

　　「既然痛恨，為什麼允許業者在市區的大市場裡，掛著招牌賣狗肉呢？」

　　他解釋，吃狗肉是韓國傳統，雖然現在多數人不吃，但韓國人

不可能放棄習俗，單方面要韓國人改掉老祖先的傳統，很不公平。

卜老闆還說，韓國人吃狗肉是為了身體健康。

「吃狗肉是為了健康？」我很不以為然。

「對啊，開過刀或動過大手術的病人，才會吃狗肉補身體，狗肉裡含有很特別的養分……。」卜老闆講了一大堆我聽不懂的名詞。

「手術後恢復體力，可以喝雞湯、吃牛肉，而且現在醫學發達，有很多營養品，不需要吃狗肉吧？」

「研究有報告，狗肉的營養更適合病人……。」

「西方國家病人不吃狗肉，他們傷口也能復原啊！」

「狗肉滋補不上火，還可以『養氣』，營養價值又高，這哪是西方人懂的？」

好吧！我想，也不用和卜老闆爭辯什麼了。反正他又不吃狗肉，心裡應該也理解這是不文明的行為，只是為了面子，拚了命想辯解。

又有天，卜老闆問我，聽說台灣人認為韓國人比賽愛作弊，也因此不喜歡韓國人？（也不知道他從哪裡知道的）

「是啊！運動比賽時，我們常因為韓國選手作弊而吃虧。」

「怎麼可能，我們韓國人怎麼可能比賽作弊？」

我沒多做解釋，只是用手機上網找了段「2012 年世界青棒賽」，中韓大戰的比賽畫面，5 局下半 2 出局，韓國打者在 2 好 2 壞下，面對中華隊投手的近身球，故意伸出手肘去碰球，企圖造成觸身球來上壘。

這顆球，最後被主審判決是打者惡意碰球，所以觸身球無效（相信此事件在台灣球迷心中，應該永遠都忘不掉，還會用這個來酸韓國 100 年……）。

看完這段影片，卜老闆睜大眼睛說：「怎麼可以這樣？這樣是不允許的！」

「是啊！所以台灣人說韓國人愛作弊。」

「這……在韓國不會發生的呀！韓國職棒從來沒有這種行為！會不會只是這名球員自己的壞習慣？」

好吧！韓國人好勝、不服輸、愛辯，這些我早就知道，但我也有所準備。

本人又找出當時熱騰騰、剛出爐的世大運中韓棒球比賽畫面，這回主角是另一位韓國選手。

2局上半，韓國隊1：0領先，但韓國打者面對中華隊先發投手近身球，刻意不閃躲而讓球K，被主審判定觸身球不算。

「會不會是角度問題？他應該不是故意的，應該有閃躲吧？」卜老闆說。

接著，我又找了另一個角度的慢動作重播視頻。

「會不會是這名球員在發呆，忘了閃球？」卜老闆又補上一句：「沒辦法，韓國隊太想贏球了，雖然這種行為不對，但還真『勇敢』，勇氣可嘉……。」

有些韓國人就是這樣，愛面子也好辯解（雖然不是全部韓國人都這樣啦）。

為了不再刺激卜老闆，我微笑著收起手機說：「是啊！韓國人什麼都想贏，最後你們（比賽）真的贏了，我們又輸韓國隊了！」（想一想，畢竟我還在人家的地盤呀）

公共場合脫鞋翹腳　因為天冷？

又有一天，語言學校老師要我們練習用韓文談論「韓國的生活習慣，和你的國家有什麼不同？」

不知道為什麼，我在班上總是最後一名被點名發表意見的學生，戶長笑說，老師可能是依照學生的年紀或體重，來決定發表順序的吧？

　　但是，台灣和韓國都是亞洲國家，不同的生活習慣本來就不多，而且還被其他台灣同學講完了。

　　當下我想到，常在咖啡廳、食堂，甚至地鐵上，看到韓國人會脫下鞋子，把腳撬起來翹在椅子上。這可不是只有傳統食堂的大媽大叔會這樣，連咖啡廳裡的年輕辣妹也會。

　　沒想到，老師聽完我的描述，居然面露驚訝的表情說：「不會呀！韓國人很少這麼做啊！」

　　當下，我和同學們面面相覷，因為幾乎所有同學都看過這個現象，老師會真的沒看過？還是睜眼說瞎話？又或者是像卜老闆一樣愛面子好辯？

　　後來，老師解釋，可能是因為韓國天氣冷，以前的韓國人都習慣靠地熱取暖，所以會「席地而坐」……。

　　是不是真的因為這個原因而養成他們翹腳的習慣，我不得而知，只不過，現在的咖啡廳和食堂，大部分都開暖氣，而不用地熱了……。

　　韓國人的好勝與不認輸，或許被很多人形容為「為求目的不擇手段」或「沒有道義」，但我認為，這些都是文化與生活壓力養成的。

　　你試想，如果沒有這種好勝心，沒有「為了求勝必須全力以赴」的認知，想在生活壓力大過台灣、自殺率全球最高的韓國生活是很不容易的。

　　至於好勝心的背後，韓國人也付出了「太愛面子」、「愛爭辯」，甚至是「作弊」或「為求勝利不擇手段」等壞形象，這種代

價究竟值不值得？就得讓韓國人自己去探討了。

　　不過，韓國人的好勝心與不認輸精神，的確導致他們在工作崗位上卯足全力，拚了命地去爭第一。這使得韓國近年的經濟快速成長、人民生活愈來愈富裕，在全球市場上，也更有實力與其他國家競爭。

　　就像那天，我離開水踽娃娃機店後，又在地鐵站外的咖啡廳見到那對情侶。

　　當時，心如妹手上終於抱了大隻皮卡丘，臉上總算露出開心的笑容。我想，這應該讓富城兄有十足的幸福感吧？儘管我不知道，他總共花了多少錢……。

7

| 沒禮貌？|

不說謝謝、對不起，
因為都放在心裡！

　　不少人到韓國旅遊，都覺得「韓國人粗魯又沒禮貌」，特別是「在路上撞了人不表達歉意」這件事，常讓遊客一肚子火。其實，韓國人急性子、說話直接，但並非沒有禮貌，某些部分，韓國人對「遵守禮儀」的堅持，是遠超過我們想像的。

有許多遊客到韓國一遊後，發現韓國人在路上撞了人，常常連說聲「對不起」都沒有，甚至敷衍地回頭表達歉意也不願意，於是認定「韓國人超沒禮貌」。

　　其實，這是種誤解。

　　戶長的朋友萱萱妹，第一次到韓國自由行，她拖著行李在地鐵站，被迎面而來的韓國大叔撞到右手。萱萱妹手一鬆，行李就「啪」地一聲倒在月台上。即使現場很多人都因為這一聲「啪」，轉頭來瞧瞧究竟發生了什麼事，但大叔卻連頭都沒回，就這樣直接離開了。

　　「搞什麼鬼？連句道歉也沒有？真沒禮貌！」萱萱妹被大叔粗魯又無禮的行為給氣炸了，對著我大罵（真冤枉，又不是我撞到她……）。

　　而戶長則安慰萱萱妹：「沒關係啦！習慣就好。」

　　隔天，我們帶萱萱妹到江南高速巴士轉運站的地下街血拼，在經過手推門時，後方跟著一位推著娃娃車的韓國媽媽。

　　萱萱妹怕這位媽媽推著車不方便，很貼心地拉開厚重的玻璃門，讓對方先通過。結果，這位媽媽也是連句「謝謝」都沒說，就離開了。

　　「什麼東西嘛？我還停下來幫她開門耶，不用謝謝嗎？」

　　當萱萱妹準備開譙前，戶長又出面了：「沒關係，習慣就好。」

　　吃晚飯時，萱萱妹終於忍不住對我們說：「韓國人撞了人不道歉，幫他們開門也不道謝，真是差勁！我真佩服你們，能在這個沒禮貌的國家生活那麼久。」

　　我回萱萱妹：「不會啊，他們有道謝呀！」

　　萱萱妹回：「屁啦！我可沒聽到，謝在哪？」

　　我說：「有啦！在他們心裡。」

　　別以為我在韓國生活久了，就變得像韓國人一樣「愛辯」。明

明沒聽到半句「對不起」、「謝謝」，我卻硬扯有。事實上，「他們道歉、道謝在心裡面」這件事，是真的。

韓國語言學校除了教韓文外，也會試著讓外國人了解韓國文化與習慣。西江大學語學堂課本裡，就有段文章描述，「韓國人的禮貌不掛在嘴上，是在心上」這件事。

這篇「文化與常識：以心傳心，心有靈犀」是這樣寫的：和韓國人接觸就會知道，韓國人並不經常把「謝謝」這樣的話掛在嘴邊。比如即使你為後面的人開門，那個人也不會說什麼感謝的話。又比如在地鐵上讓座給年紀大的人，也經常不會聽到感謝的話。

在韓國有句話叫「以心傳心」，它的意思是，即使嘴巴不說，心裡也可以知道。由此我們可以了解，韓國人認為並不是一定要用語言來表達感謝或歉意，同樣也沒有必要讓對方明確地理解自己的感情。但是受西方禮儀文化的影響，最近愈來愈多的韓國人會表達道歉或感謝之情。

如果大家為別人讓路而沒有聽到他說「謝謝」，也不要生氣，請記住韓國人是「以心傳心」的。

特殊空間階序 不講「禮」

老實說，我在韓國生活的初期，也常被韓國人撞得很不爽。有時走在路上也會碰到，從後面趕上來的大媽或大叔，為了順利「超車」，直接伸手把我推開，強迫我讓條路給他們過（能推得動我，表示現在韓國的老人們營養很不錯呀）。這些其實都是日常生活常碰到的事。

有天我問 KIM：「韓國人真的是把『謝謝、對不起』放在心上而不掛在嘴邊嗎？」

我同時還把萱萱妹的不爽告訴 KIM：「這種行為，對不理解或

不習慣韓國文化的外國人來說，感覺非常不舒服耶。」

　　KIM 則解釋，其實這種被外國視為「不禮貌」的習慣已經慢慢被改變了。

　　他還說，在擁擠都市裡，特別在地鐵站、賣場或人潮擁擠的人行道上，「撞到手臂」這種事，因為不是惡意碰撞，韓國人早就習以為常，也不用相互道歉。至於「幫孕婦媽媽開門」這件事，對方其實是感謝的，只是沒說出來。

　　「不說出來，外國人哪知道你心裡有道謝？」我說。

　　「說出來很重要嗎？那我代替這位媽媽向你們說聲謝謝好了……。」

　　有關韓國人「撞人不道歉」這件事，東吳大學社會系教師何撒娜曾在她的專欄中發表一些她的研究心得。

　　她認為，韓國人的身體空間界限，跟台灣或歐美很不一樣。

　　在韓國，最重要的「空間分類」，是以儒家文化為主的社會空間分類。由於「走在街上」的是陌生人，韓國人認為沒有社會階序問題，彼此所相處的社會空間，就沒有一定的標準禮儀。在這種場域，並不是講究禮貌的地方，所以禮貌問題並不存在。

　　此外，何老師針對韓國人禮儀的研究，還有項重點，就是「階序」與「性別」。所謂的「階序」，指的應該就是「長幼有序」，或上下屬關係的表現。韓國人走路禮儀和漢人很像，他們習慣長輩在前、晚輩在後；長輩坐著、晚輩站著，即使身體上有接觸，也一定是由長輩發起，例如由長輩主動拉起晚輩的手，晚輩則不允許主動去碰觸長輩。

　　除了這些行為外，敬語的使用、喝酒時面對長輩要轉過頭，甚至是搭乘大眾運輸工具時必須讓座，這些都是「階序」禮儀。

　　我曾在韓國地鐵上，親眼看見老人用拐杖戳著坐在座位上的年輕人，甚至用語言責罵年輕人沒家教、不尊重老人，只因為年輕人

沒讓座。像這類衝突經常發生，甚至會演變成肢體衝突登上新聞版面。

此外，韓國地鐵設有博愛座，車廂上都標示著「供老人、孕婦、身障或小孩使用」。只是，不只一般人絕對不敢坐下來（如果有，一定是老外），有時連孕婦都不敢碰，寧願站著或等待一般座位上的民眾讓座，避免老人家不高興。於是政府決定，車廂內除了博愛座外，再增設單一座位給孕婦。這個座位往往設在最靠近車廂門的位置，但事實上，我也看過老人家占著這個孕婦位⋯⋯。

除了「階序」外，「性別界限」也是非常特殊的韓國文化。

有人形容韓國是最「大男人」國家之一，不過，年輕世代的兩性關係愈來愈平等，不變的是，「男女有別」這件事。

如果你在路上觀察韓國人，應該不難發現，整群男男女女走在路上，即使其中有情侶或夫妻，他們也習慣「男生和男生走一起，女生和女生擠一群」。此外，宴會或集體活動時，男女也會分開進行社交活動。這完全與「大男人」主義無關，而是堅持「男女有別」的傳統。

還有，韓國家庭通常是由女生下廚煮食，但這也非「大男人主義」，因為在處理肉類時，就輪到男人來料理了。所以我們到烤肉店，大部分負責烤肉的都是韓國男人，這不只是為了表達對女性的體貼，更是他們對「禮儀」和「男女有別」的傳統。

遞個東西也有學問

提起韓國的禮儀，其實很複雜。在這裡提兩個最常見的狀況，就是用餐和遞東西給對方時，必須要遵守的禮儀。

韓國人餐桌上的禮儀不少，除了和華人一樣「長輩開動晚輩才能用餐」，還有剛提到的「和長輩喝酒時，晚輩頭必需要轉身」外，

韓國人吃飯用的碗，是不能端在手上的，連喝湯時也不行。因為捧碗的動作，是韓國古代乞丐和奴隸才有的行為，也對同桌用餐人的不尊敬。

此外，傳統的韓國人認為吃飯吃太快，會顯得自己很隨便，所以在正式場合裡用餐必須慢慢來（但平常他們吃飯速度可是很快的）。另外，也不能為求方便，同時使用筷子和湯匙。也就是在用餐過程中，得把筷子放下，才能拿起湯匙喝湯；放下湯匙後，才能拿筷子夾食物，甚至嚴守「吃飯與喝湯一定要用湯匙，筷子只能用來夾菜」的禮俗。

至於把東西遞送給對方時，韓國人也有很特殊的禮儀。

他們通常會用右手把東西傳給對方，但這個時候的左手可沒閒著，必須扶著右手前臂的下方或手肘處（也有人把左手擺在胸部下緣）。接收物品的人，也會有同樣的動作，就連雙方握手時也是如此（除非雙方有很明確的階序關係）。據說，這是因為傳統的韓服衣袖都很長，如果把東西傳給對方，另一隻手沒有托住衣袖會顯得太隨便，也容易造成「看不到是什麼東西」的困擾。

當然啦，外國人到韓國旅遊，如果捧碗吃飯或左手沒有扶著右手，韓國人也不會責怪沒禮貌，畢竟文化不同、社會環境與習慣也不一樣。

我在韓國生活一段時間後，其實也習慣了他們的生活禮儀，就連地鐵上橫衝直撞的韓國大媽、大叔，也慢慢習慣了。

上次回台，到巷口買蚵仔麵線，居然習慣性地做出「左手托右手」付錢的動作，讓看著我長大的阿嬤嚇了一跳。

「年輕人，你是想幹嘛？」

「沒有啦，我……我……我手肘癢而已……。」

唉，真是尷尬！

韓國人無法忘記被日本殖民的歷史。圖為紀念慰安婦的銅像。

8

| 很團結 |

民族認同感超強，
連老婆都能共有？

　　全世界都公認——大韓民族是
最團結的民族之一。他們無時不刻都
將同胞們視為「共同體」，兇悍的民
族性，更讓人不敢欺負聚在一起的韓
國人。這點，從許多歷史事件中就能
看出端倪；總是把「我們」掛在嘴上
的習慣，更能看出韓國人的團結。

韓國人的個性和中國北方人很像，他們一點也不小器。但是如果家裡的媽媽、老婆大人，韓國人都願意「大方」到拿出來和朋友「共享、共有」，那也太誇張了吧？原來，這真的是場天大誤會！

　　我第一次和 KIM 認識那天，被他嚇了一大跳。

　　當時 KIM 對我說：「『我們太太』去接小孩，等等會過來一起吃飯。」

　　「我們太太」？

　　真奇怪的說法，太太是「我們」的嗎？是我和 KIM 共有的？

　　後來 KIM 又聊起自己的雙親，他又說：「如果想吃道地的韓國泡菜，下次請『我們媽媽』多做一些帶來。」

　　「我們媽媽」？

　　什麼時候我多了位韓國母親？明明媽媽是「KIM 的」，不是「我的」呀？

　　果然，這是語言上的誤會，也是韓國表達對「認同感」的文化表現。

　　對韓國人來說，「共同體意識」是很重要的。所以，對於共同體的一員，或被認為是共同體意識的事物，都不使用「我」，而改用「我們」。所以，大家可以常在韓劇中聽到：「我們某某某」、「我們丈夫」、「我們班」，甚至是「我們國家」的說法。就算講話的人還是單身、一個人住，也不會說「我的家」，而是「我們家」。

團結就是力量

　　韓國人，通常不把自己當成某個「個人」，而是看成共同體中的一員。

　　例如在最基本的共同體──「家庭」中，韓國人使用的「我」，其實並不是指個人，而是指做為家庭成員（姐姐、妹妹、女兒）的

「我」。可見，韓國社會中的共同體意識非常強。

聽不懂？總之，韓國人口中的「我們」，不是真的指討論的人或物，要和談話人的人「共有」，而是指他和被討論的人或物，屬於共同成員。而這種「共同體意識」，也造成了在全世界眼中，「韓國人有夠團結」的形象。

韓國人究竟團結到什麼程度？

1991 年 3 月，洛杉磯一名 15 歲的黑人女孩在一家韓國人開的小超市偷東西被發現，但這名女孩卻把韓國老闆娘打倒後準備逃走，韓國老闆娘於是掏出手槍，就在超市門口將女孩射殺。

早期，洛杉磯的韓國人和當地黑人，就經常處不好。工作像拚命三郎的韓國人，經常讓黑人們感受到工作權受到威脅，而粗魯又直接的韓國人，更讓黑人覺得韓國人對他們很沒禮貌；反過來，韓國人也覺得，黑人和其他白人一樣，對韓國人有深深的種族歧視。

這起超商搶劫案件，法官判了韓國老闆娘 500 美金罰款和 400 小時社區服務，輕判的結果，更加深了黑人對韓國人的仇恨。

沒多久，洛杉磯發生著名的「洛杉磯大暴動」，起因是白人警察對一名拒捕的黑人男子暴力相對，但由白人組成的陪審團卻做出警察無罪的判決，於是上千名非裔美國人上街抗議。

這場抗議逐漸演變成暴動，抗議人士開始攻擊白人，四處放火搶劫商鋪，洛杉磯幾乎進入無政府狀態。由於抗議處距離韓國城很近，加上之前發生了「韓國老闆娘射殺黑人女孩」事件，暴民怒火於是燒向韓國城，將攻擊轉向韓裔社區的商店。

然而，早有準備的韓國人在暴亂發生前，就不斷用韓文廣播，號召大家提早準備槍枝防禦。美國各地的韓國移民，甚至主動聚集到洛杉磯韓國城，組成武裝保安隊來保護自己的同胞。

暴動轉向韓國城後，韓國保安隊開始自主巡邏，不斷用各式槍

枝射擊驅趕暴民。有些黑人還以為他們是穿著便衣的亞裔警察，後來才知道，這些都是為了守護自己人，從美國各地聚集而來的韓國人。

　　韓國人的團結，雖然依舊造成1800家韓國商店被洗劫或破壞，但暴民們逐漸因為韓國人強悍反抗而退怯，加上國民警衛隊的到來，終於結束了這場暴動。

　　事後調查，韓國人總共打死 4 名搶劫者，只有 1 名韓國人在槍戰中死亡。

　　韓國人的團結也顯現在日常生活中。

　　之前提到 KIM 總是約我去登山，但被我用各種理由婉拒。事後他告訴我，這種做法在韓國，可是非常要不得的。

　　KIM 表示，一個班級、社團或公司裡，如果有人發起像聚餐、滑雪、登山等集體活動，韓國人通常都會「聚得很齊」，幾乎不會有人缺席。像我這種「屢約不到」的，肯定被視為異類或不團結的成員，甚至遭到排擠。

　　在韓國人觀念中，集體活動是凝聚團體、強化向心力的好機會，所以韓國人非常討厭有人找藉口缺席，或是找理由提前離席。

　　「如果活動有人沒來，韓國人肯定會打破砂鍋問到底，非得問出發生什麼事了？」

　　KIM 解釋，要問出事因，其實並不是韓國人愛八卦、好探人隱私。而是大家通常都習慣出席團體活動，如果有人沒到或早退，表示這個人發生了不好的事，韓國人於是會「團結」起來，想幫這位朋友解決度過難關。在這種情況下，最後大家如果發現不來聚會的成員理由不充足，就會將其貼上「不合群」的標籤。

　　此外，如果團體中出了事，韓國人也習慣放下手邊工作，先去參加集體勞動。就像前面提到的那場洛杉磯暴動，從美國各地聚集

到洛杉磯的韓國移民，可不是整天閒著沒事做啊！

當時美裔韓國人生活都很苦，往往都是從事勞動性工作，願意放下手邊工作來保護「我族同胞」，足以看出「團結」對韓國人的重要性。

太極旗包禮物　就是要愛國

「洛杉磯大暴動」讓全世界都見識到韓國人的團結與強悍，然而，韓國人不但「團結」，也很「愛國」，更經常把「我們國家」掛在嘴上（雖然「謝謝」和「對不起」沒有……）。

我在韓國時，去看了幾場棒球賽、電影，甚至比較正式的室內音樂會，他們依舊習慣在活動前播放國歌、螢幕上秀出自己的太極旗（國旗）。

1997 年發生亞洲金融危機，許多韓國民眾自發性捐款，甚至掏出自己的金銀首飾給政府，希望自己的國家能早日度過難關。

2007 年冬天，南韓大山港附近發生 270 萬加崙原油外漏事件，韓國政府出動各種船艦清除油污，但滲入海岸岩石的原油，卻需要大量人工處理。於是數以萬計的韓國人主動來到海邊，頂著寒風，用他們的雙手擦洗被原油覆蓋的石頭，因為他們認為「國家的事就是我的事」。

前幾年發生的「周子瑜事件」，也能看出他們對「國家」的認同。

有媒體在韓國街訪時，問到民眾對周子瑜事件的看法，大部分的人都支持周子瑜的作法（雖然經紀公司最後還是道歉了）。

JAMES 就說：「揮自己出生國家的國旗有什麼錯？就算你們兩岸問題遲遲沒辦法解決，子瑜有這種『國家認同』應該被鼓勵，為什麼要道歉？」

他還以過去的韓國為例：「以前韓國被日本殖民，我們也沒有丟掉自己的國旗，你們台灣人應該全力支持她，而北京政府也不應該責備子瑜，畢竟現在你們還沒統一，她不揮台灣國旗，改揮五星旗或韓國國旗，那才真的沒有愛國心。」

韓國人的愛國心、團結心，不只是放在心裡，也會化成行動具體展現出來。

還記得第一次和 KIM 見面的那天，他除了盡地主之誼招待我吃飯外（那餐好貴，韓國人真的不小器），還送了禮物。那是個非常精緻的首飾收藏盒，據說是以前韓國皇族互贈用的禮品。

我很喜歡他送的禮物，只是我很驚訝，這禮物居然是用一只印有太極旗的紙袋包裝……。你能想像，台灣人送鳳梨酥給老外時，都用青天白日滿地紅的國旗紙袋來包裝嗎？

後來發現，韓國人送老外禮物，都特愛使用這個紙袋，因為他們希望太極旗能被帶到全世界，讓全球都記住這個國家。不少公司還會特地存放太極旗紙袋，以備外賓來時贈禮所需。

韓國人愛國這檔事，也發生在影劇圈。

藝人宋一國將自己 3 個小孩取名大韓、民國、萬歲，並出演《超人回來了》節目，韓國人紛紛讚賞他有顆「熱愛韓國」的心，節目也深受韓國人喜愛。

此外，藝人經常到前線勞軍，日韓關係不佳時，韓國藝人主動推掉日系商品代言，都讓人看出他們對國家與民族意識的強烈。

韓國人團結，有時難免給人有「排外感」。不過隨著韓國愈來愈國際化，他們愈來愈能接受外國文化，也樂於與外國人相處。特別是台灣某些生活文化與習慣上與韓國相近，他們是非常樂意與台灣人交朋友的。

下次，當你被韓國人稱呼為「我們XXX（你的名字）」時，恭喜你，這不但聽起來特別親切，也說明你已受對方認同，證實自己已成為他的好朋友、屬於團體中的一分子了！

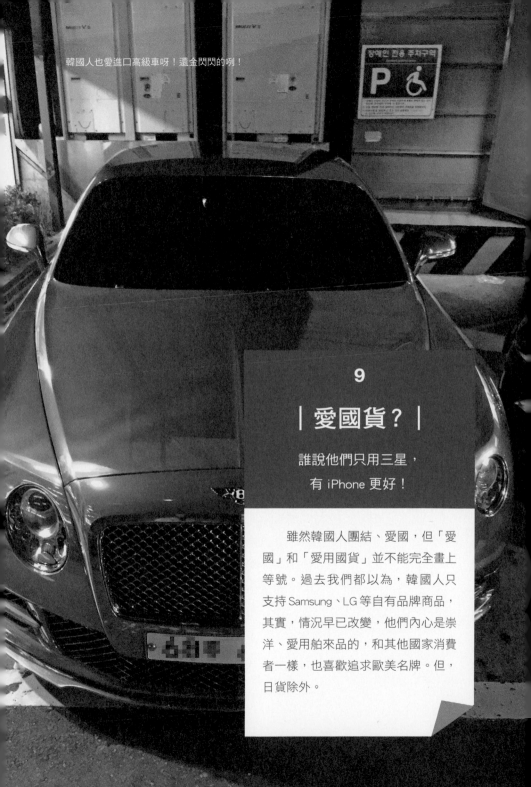

9

| 愛國貨？ |

誰說他們只用三星，
有 iPhone 更好！

　　雖然韓國人團結、愛國，但「愛國」和「愛用國貨」並不能完全畫上等號。過去我們都以為，韓國人只支持 Samsung、LG 等自有品牌商品，其實，情況早已改變，他們內心是崇洋、愛用舶來品的，和其他國家消費者一樣，也喜歡追求歐美名牌。但，日貨除外。

有人認為，韓國的 Samsung、LG、現代，甚至是韓劇和 KPOP 能在全球發光發熱，關鍵在於韓國人很支持國貨，他們寧願買「品質普普」的韓國貨，也不願意使用外國商品。

　　韓國品牌在獲得本國市場的支持下，具備強而有力的消費後盾，所以才有餘力去進攻國際市場。換句話說，韓國商品能有今日成就，是依靠韓國民眾的愛國與「犧牲品質」所換來的。

　　我不認同這個說法。

　　如果在韓國生活過一陣子、認識些韓國朋友，就會發現他們並非「絕對地愛用國貨」，有些人的內心其實非常崇洋。如今，韓國人會選擇購買韓國商品，絕對不是因為「愛國」因素，而是韓國商品已成了值得購買的「好貨」。

　　有天上課，小金老師對同學們做了手機品牌的統計，結果，有5 位同學用蘋果 iPhone，4 位用 Samsung，3 位用 Sony，還有華為、LG 和 HTC 各一支。

　　小金老師說：「這比例和現在韓國大學生的手機比例有點像。」

　　這個說法讓大家感到有些驚訝。

　　同學問小金老師：「韓國人都很愛國，不是都用 Samsung 和 LG 嗎？」

　　小金老師回答：「韓國人很愛國，但也會想要用品質好的東西啊！所以現在用 iPhone 的人也很多！」

　　或許你到韓國旅行時會發現，路上似乎全是韓國國產車（KIA、現代、大宇等）；商店裡的電器，也都是韓國品牌冰箱、冷氣；女人愛用韓系保養品，男人愛玩韓國研發的手機遊戲。

　　的確，像汽車、電器、化妝品、服飾或遊戲，韓系商品在當地比例還是很高，但原因單純是「韓國人愛國，所以都買國貨」嗎？他們真的不接受舶來品嗎？其實不然，這種消費行為已悄悄改變中。

以汽車為例，在外國遊客經常旅遊的首爾江北區，韓國品牌的汽車的確滿街都是，不過，這與愛國心無關。

開現代汽車的 JAMES 就說：「開現代，是因為車價低、維修便宜，品質不輸日系或歐美進口車。」

他又補上一句：「如果我有錢，也想買 Land Rover 或 BMW 呀！誰不想買名車？這和愛不愛國沒關係啦！」

果然，如果你到江南等高級住宅區看看，幾乎都是進口車的天下。外國遊客對韓國車市的印象其實早已被顛覆，他們買車的習慣，根本和愛國心沒關係，單純只是韓國車便宜、CP 值高。

但大部分商店或住家裡都是韓國製電器，這又是怎麼回事？

iPhone 市占高　年輕人也崇洋

JAMES 說，那是因為早期賣場通路都被大財團壟斷，多數是三星或樂金集團直接或轉投資的商場，店裡賣的，當然全是韓國商品。就算有外國品牌，因為受稅金與業者策略影響，價格也高得嚇人，消費者在沒有太多選擇下，只能選擇韓國貨。

不過這幾年，隨著韓國市場愈來愈國際化，虛擬店面與網路購物愈來愈發達，通路不再被原有的大財團壟斷，韓國人有更多機會接觸舶來品，一旦外國貨品質比韓國貨好，很快就能被消費市場所接受。

所謂「韓國人愛用國貨」，或許對老人家而言是這樣，但年輕人可不吃這套。JAMES 甚至認為，韓國年輕人內心是「崇洋」的。

「你看年輕人那麼愛用 iPhone 就知道了。」

我還記得，幾年前有位在宏達電上班的朋友說：「韓國品牌在當地的市占率高達 99%，韓國人實在太愛用國貨了，無論我們（指 HTC）品質再好，也無法在韓國擊敗韓系品牌。」

HTC 果然就在 2012 年撤出韓國市場。

但真的是因為韓國人太愛國，導致韓國人不買 HTC 嗎？事實似乎不是如此，從 iPhone 近年來在韓國的熱銷就可證明。

根據研究機構 Counterpoint Research 數據，2014 年底，iPhone 在韓市占率已成長到 33%，不但超越 LG 的 14%，搶下第二，更威脅到 Samsung 的 46%。雖然之後 3 大手機陣營在韓市占率起起伏伏，但 2016 年 9 月，Samsung 發生 Note 7 電池爆炸案形象大損，根據 Gallup Korea 在 2017 年進行的調查，韓國 20 至 29 歲年輕人中，已有 41% 使用 iPhone，同時有過半年輕人喜歡蘋果勝過三星。

2017 年初，蘋果甚至發布新聞稿，宣布要在韓國開門市。更八卦的是，店面可能就開在三星江南區總部的附近⋯⋯。

我們不得不承認，韓國商品這幾年的品質不斷提升，讓全球市場大洗牌。無論台灣的反韓族認不認同韓貨，但國際上已從過去「亞洲只有日本產好貨」的認知，轉變成「韓國貨也不差」的現況。

此外，從韓流文化產業，到美妝保養品、服飾、電器，甚至零食、泡麵等，韓國商品早已在全球占有一席之地。韓國業者能有這種成果，或許初期是仰賴國內市場及政府的支援，不過，現在的韓國人在選購商品上，最注重的還是商品品質與價格，韓系品牌的進步是事實，絕非一句「他們比較愛國、都買國貨」，就能解釋韓國貨成功的原因。

「我雖然還是喜歡用 Samsung，並不是因為愛國，而是我覺得三星品質很好，服務據點也多，在價格差不多的情況下，我當然買三星。」

雖然喝過洋墨水，作風也很洋派，但 KIM 還是選擇使用 Samsung 手機而不是 iPhone，原因更不是愛國，而是方便。

網路名人「台灣妞韓國媳」也曾發表文章認為，「韓國人愛用

國貨，重點不是在民族性的愛國，爛東西韓國人也是不買的。」

　　她認為，國家政府透過各種稅率等配套措施扶植國有產業，建立民眾對國有產業的信心和信任度，這可是政府砸了好幾百億得到的成果。過去韓國人可能因為愛國心而買國貨，但現在可沒有，不用誇張地包裝韓國人的愛國心。

　　JAMES 也認同這個說法。他認為：「如果台灣的 HTC，能在韓國提供和 Samsung 一樣的服務，韓國人也會考慮買 HTC 啊！但是，我不考慮用 SONY 就是了！」

日本貨很好　但就是不想買

　　在韓國，不只是老人家，或像 JAMES 這種年輕男生不喜歡日貨，連女孩也一樣。

　　「我知道日本貨很好，但就是不喜歡，很多姐妹都和我一樣，你說的『韓國人愛國』，我覺得平常還好，但在面對和日本的競爭時，就會激起我們的愛國心。」那位被嫌臉大，想去削骨的年輕妹妹 ALICE 這樣說。

　　ALICE 表示，這可能是受到長輩影響，家裡幾乎不用日貨，一方面是日貨普遍比較貴，而且 CP 值低於韓系品牌，另一方面就可能是「仇日情結」了。

　　為什麼會有仇日情結？

　　「1910 年開始，日本就占領了韓國，我們成為日本的殖民地；1919 年韓國高宗國葬時，日本以暴力鎮壓民眾，造成上萬名韓國人傷亡；1945 年韓國才擺脫日本殖民……。」

　　這段歷史，由一位年輕的韓國女孩口中背誦出來，真的令我好驚訝！畢竟那已是她「阿公」甚至是「祖公」的事了，她卻連「年分」都能記得。

ALICE 說：「我平常也喜歡看韓國職棒，但如果有國際比賽，特別是碰到『日本隊』，那就更要去加油！」

像 ALICE 這麼「仇日」的人，在韓國還真不少。

不過，這個行為，對台灣人來說似乎是再熟悉不過！只不過咱們的對象不是日本，而是韓國……。

我又問她，那比賽時碰到台灣的隊伍時呢？

「台灣？台灣和我們韓國不是好朋友嗎？我當然希望韓國贏啊，但最重要是一定要贏日本啦！」

ALICE 這樣說著，但我心中的 OS 卻是咱們體育主播的名言：好想贏韓國呀……。

雖然韓國人普遍愛國（特別是碰上日本），但他們對政府的批評，可是非常強烈的。

最近有個新名詞叫「朝鮮地獄」（指的朝鮮不是北韓，是南韓自己），他們用這個名詞，來描述對現今社會與生活的不滿（這個概念和台灣網友們常說的「台灣鬼島」意思差不多）。

JAMES 說：「我們的確覺得韓國的缺點還很多，所以會批評政府和社會，但提醒你，韓國人只允許自己罵韓國，外國人可別亂罵呀！」

他表示，通常批評政府最兇的韓國人，都是最熱愛自己國家的人。

我發現，韓國人果然很喜歡邊喝酒，邊罵自己的國家，但我想，咱們聽到韓國人在罵政府時，還是點點頭、笑一笑就好，千萬別跟著他們起哄。

萬一韓國人酒喝多了，聽到外國人在譙大韓民族，那可是會幹架的！

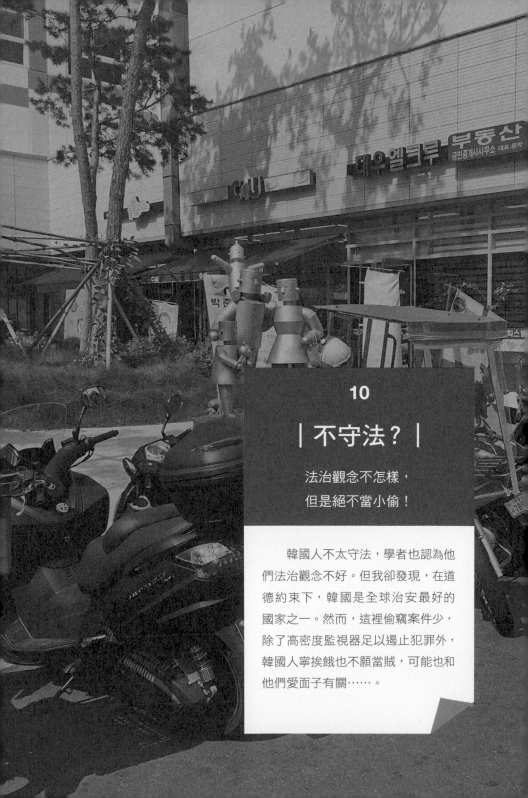

10

| 不守法？ |

法治觀念不怎樣，
但是絕不當小偷！

　　韓國人不太守法，學者也認為他
們法治觀念不好。但我卻發現，在道
德約束下，韓國是全球治安最好的
國家之一。然而，這裡偷竊案件少，
除了高密度監視器足以遏止犯罪外，
韓國人寧挨餓也不願當賊，可能也和
他們愛面子有關……。

每回從首爾回台北，我都覺得「台北真是乾淨到爆」！

在台北，雖然偶爾還是會看到民眾偷偷摸摸地把家用垃圾塞進公共垃圾桶裡，但整體來說，即使街上清潔人員不多，馬路都能保持乾淨。

但首爾可就不同了。除了之前提到，明洞小巷子內滿是痰和菸蒂外，其他的市區巷弄內，還能隨處看見堆積如山的家用垃圾。後來我才知道，首爾並沒有實行「垃圾不落地」政策，因此，這裡就像 2000 年前的台北市一樣，家用垃圾會被丟到馬路上的垃圾集中地，等著垃圾車來收。

不過，從前「垃圾不落地」還沒在台北執行前，政府都會在垃圾集中地上，擺個大箱子來收集垃圾，即使路人經過難免會聞到臭味，但至少垃圾不會散落滿地。

但首爾並沒有設置這種大箱子，而是讓民眾把垃圾隨手丟在電線桿旁。我就經常在巷子裡踢到路上的家用垃圾，或因為人行道上堆積了垃圾袋被迫繞道而行。

2017 年，首爾政府開始試著解決民眾倒垃圾的問題，他們提出的方案，是在電線桿上貼著「禁丟垃圾」告示，甚至規定民眾星期一、三、五，或二、四、六才能把垃圾從家裡拿出來，違規者罰 100 萬韓圜（新台幣 28000 元）。

這個政策其實不太人性化，對一般家庭來說也不方便。再加上首爾人並沒那麼守法，還是經常在非規定的日子裡，把垃圾丟在告示牌下，看起來相當諷刺，甚至不使用政府規定的垃圾袋。

所幸，韓國天氣乾燥又不常下雨，不像悶熱的台灣會發出惡臭，或流出垃圾水，否則垃圾亂擺在那裡 2 天，市區衛生條件恐怕更差。

韓國人菸蒂亂丟、痰亂吐、家用垃圾亂倒，都顯得台北天龍國人特別守法。此外，他們的交通規則紀律也不大好。

쓰레기

무단투기 금지

적발시 백만원이하 과태료

 서대문구청장

韓國家庭垃圾，大部份都放
置在街頭巷尾的電線桿下

上一秒讓路 下一秒闖紅燈

由於韓國天氣冷，加上地鐵與公車等公共交通便利，過去的機車數量不多，只有外送業者利用機車送貨。但隨著市區交通經常打結、機車業者引進酷炫重機吸引年輕人購買，這兩年來，首爾機車數量明顯變多，亂象也隨之產生。

首先，政府沒有規畫機車停車區，年輕人任意把機車亂停，狀況愈來愈嚴重。此外，每天，幾乎每天，我都可以看到闖紅燈的機車，有些外送機車甚至還會在大馬路中央上演逆向行駛的戲碼。

首爾人對交通與垃圾問題的不守法很明顯，不過，有件事卻讓我摸不著頭緒。就是看似不守法的騎士，居然會為了讓路給行人，大老遠地就在停止線上等紅燈。然後……等行人通過後……再闖紅燈。

首爾馬路長又寬，也有公車專用道，不過，許多公車站都設在馬路中段，而不是十字路口，政府也會在馬路中段設一個人行穿越道，方便乘客前往公車站。

有天，我和從事服務業的韓國朋友太淳，準備利用馬路中段的穿越道，到對面咖啡廳。

綠燈亮了，我們從馬路左邊上斑馬線，但走沒幾步就發現，距離我們 30 米遠處，有台機車很守規矩地停在斑馬線前等紅燈，讓行人可以通行。

「這是位守法的機車騎士，真好！」我心裡這麼想。

但萬萬沒想到，當我們走過騎士面前順利穿越馬路後，騎士居然加足馬力，「紅燈直直去」（我還回頭確認一下號誌，他真的是闖紅燈）。

「他願意遠遠地就停下來讓我們過，但為什麼不等綠燈亮，硬是這樣闖紅燈呢？」我問太淳。

太淳告訴我，騎士停下來等候，並不完全是紅燈亮的關係，而是因為看到我們在穿越馬路，「不想給行人造成壓力」，「要讓行人沒有顧慮地慢慢走」，所以才停下來等。

　　「有些騎士，只要身旁沒有警察，斑馬線上沒有行人，是不在意眼前的紅燈的！」太淳的說明，不代表全部的首爾騎士，但卻是常見的現象。

　　韓國雖是法治國家，但民眾的法律觀念相對薄弱。

　　首爾大學退休教授金景東就曾批評：「韓國人守法精神差。」也難怪，幾乎歷任韓國總統，在任期快屆滿或卸任後，都被爆出涉貪的醜聞。

　　儘管人民不怎麼守法，但我卻認為韓國是治安最好的國家之一，關鍵很可能就是道德的約束力。

　　那天我和太淳到了咖啡廳 2 樓找了位子後，他把手機丟在桌上，拉著我去 1 樓點咖啡。我趕緊把他的手機從桌上撿了起來，改放我的雨傘占位子。

　　「你這樣把手機放在桌上，不怕被拿走啊？」

　　「不會啊？誰會拿？大家都這樣把東西放著啊！」

　　太淳指了咖啡店裡的桌子上，四處都是手機、平板電腦和女生的包包，而且主人都不在座位上。

　　那天晚上和太淳烤完肉回家，看到一名韓國女生，喝醉了倒在麥當勞門口，她的手機和皮包就這樣散在身旁。

　　「她會不會有危險啊？要不要報警？或幫她把包包和手機收好？」

　　「放心啦！這裡人多，又有監視器，沒事啦！」

　　太淳反過來問我：「怎麼你們台灣人會擔心自己的隨身物品被偷或被搶嗎？」

我回他：「是不會太擔心啦！但小心點比較好，不是嗎？」（其實還真有點擔心）

太淳解釋，韓國大都市裡都設有高密度的CCTV，加上韓國警方真的要辦起案來像是拚命三郎，雖然韓國人對生活上的小細節不太守法（像前述提到的交通規則和亂丟垃圾），但「偷」或「搶」這種犯罪行為，很少發生。

的確，根據美國聯邦調查局2014年報告分析，韓國犯罪行為極少發生，走在路上不用擔心被搶劫、盜竊，外國人到韓國旅遊或居住，都能感受到安全自在。城市資料庫網站numbeo於2016年的統計更顯示，首爾犯罪率與安全值全球最佳，可說是最安全的都市。

此外，已進入無現金社會的韓國，大部分都使用虛擬或塑膠貨幣消費，先前提到「客人刷卡，老闆幫忙畫押」，除了顯示韓國人「不愛麻煩」外，也展現出他們有非常安全的交易環境。想必金融犯罪也不會太多。

好一個無賊社會啊

我班上有位朝鮮族同學李文熙，他告訴我韓國警察抓犯人有多神的故事。

他有位在韓國非法拘留的大陸朋友，為了躲避查緝，平常都用現金交易，也不太外出公共場所，專心在餐廳裡打黑工，時間長達一年。

有天，這位朋友在便利商店買菸（吸菸有害健康），卻發現用餐區有人留了支手機在桌上，他先是等了十多分鐘，確定主人沒回來拿，就起了歹心順手帶走了。

沒想到當天晚上，員警就到他打工的餐廳捉人，之後他也被潛

返回大陸了。

　　警察告訴這位大陸人，從他離開商店起，就有監視器全程蒐證，警方還調出他過去在韓國打過的黑工、住過的宿舍，就連拿假駕照租車都查得一清二楚，並對收留他的店家，甚至是把駕照借給他的友人開罰。

　　文熙說：「韓國警察對枝微末節的違規動作，通常會睜一隻眼閉一隻眼，但如果是偷竊等違法行為，可會讓你逃都逃不掉，犯罪率自然會往下降。」

　　的確，韓國的房子雖然有些也設有鐵窗，但卻不像台北家家戶戶都像在關鴿籠。此外，如果你把手機遺忘在咖啡廳，通常再回到原地就能找回來。

　　還有，我常在韓國購物網站上買生活必需品，雖然大樓一樓也有管理室，但宅配員都會貼心地把物品送上樓。但人不在家時怎麼辦？就放在你家門外囉！

　　這個現象在韓劇裡也經常可以看到。剛開始，我也很好奇，宅配員難道不怕把貨品放在門口，最後被鄰居或小偷搬走，引起糾紛嗎？我果然多慮了。

　　JENNY 告訴我，韓國人把貨物放在公共區域，也不怕被人順手牽羊搬走。因為，「當一個賊去偷人家東西」對韓國人來說，是極度「可恥」的行為。

　　「韓國人很愛面子啊，如果偷拿門口一箱礦泉水、一包新衣服，就讓自己成了『賊』，那多沒面子呀！」

　　我常在想：不守規矩的韓國人，卻有那麼好的治安，原來是因為道德規範和愛面子，這可真是神奇呢！

　　不過，韓國治安再好，也不可能達到大同社會的境界。特別是近 3 年來，韓國有項治安數據，起了很大的變化。

　　根據韓國警察大學統計，2015 年起，雖然殺人、暴力、竊盜

等嚴重犯罪減少，但「性犯罪」（包括強奸、性侵、偷拍、公開或通訊媒體性騷擾等）卻不降反升，而外國人到韓國犯下強奸罪的數字也在增加中。

在此奉勸想到韓國旅遊的朋友們，雖然在韓國遇到賊的比例比某些歐洲國家低，暴力殺人的案件也比美國等地少，但還是得注意自身安全，特別是在夜店狂歡後的安全問題。

另外，過馬路時，也請特別注意那些摩托車囉！

PART 2

韓國人
在夯什麼：

24 現象 玩轉首爾新潮流！

1

｜不夾不痛快｜

夾娃娃機，
上班族紓壓良藥！

　　韓國最近流行些什麼？就從我在韓國生活時最重要的個人娛樂——娃娃機談起。

在韓台灣留學生，很習慣透過臉書社團來買賣二手物，藉此省下生活費，過去二手生活用品的交易，以韓文課本、故鄉零食居多。不過，自 2017 年起，網站上的二手絨毛娃娃數量變多了，主要是2016 年起，韓國的娃娃機店愈來愈多，「夾娃娃」也成了台灣學生重要娛樂，大家夾了一堆娃娃，又帶不回台灣，只好上網求售。（唉~我的娃娃也不少啊！）

根據韓國官方統計，2015 年登記有案的娃娃機店只有 15 家，2016 年卻暴增到 880 家，2017 上半年更超過 1705 家。

韓國會流行娃娃機，應該和課業與工作的壓力有關。因為夾客（指到店裡夾娃娃的客人）夾到娃娃的瞬間，往往能達到「強大」的紓壓效果（不信？你自己去夾夾看就知道），過程中不但能把工作壓力暫時擺一邊，同事若知道你是夾娃娃高手，有時還會被視為「英雄」。

JAMES 也很喜歡夾娃娃，他說，年輕人在公司裡想「出頭」、「當英雄」其實很不容易，但練就一身夾娃娃的功力，往往會讓其他同事投以羨慕的眼光，夾到的娃娃還能送給女同事做做人際關係（就是把妹工具啦），於是，娃娃機店就成了年輕人娛樂的新寵。

「韓劇男主角帶著女主角去夾娃娃，然後把女孩子逗樂，花小錢贏得美人心，多好啊！」JAMES 的說法，讓我更確認一件事，他根本就是為了把妹而夾娃娃的！

JAMES 也認為，雖然夾娃娃有一點「賭博」的成分，但因為夾客贏到的只是娃娃而不是現金，而且韓國夾娃娃機店多數都是合法經營，店裡的氣氛是歡樂的、輕鬆的，所以大眾普遍都認定這是健康的娛樂場所，加上「紓壓」功能滿分，所以很快就受到全民歡迎。

其實，最近台灣的娃娃機店也滿街都是，甚至還出現「禮品抽獎」式的娛樂機台，玩法比韓國更多元化。如果以單純只擺娃娃的

機台來說，兩地的機台無論是收費方式、娃娃品質，甚至經營方式
都很不一樣。

收費比台灣貴三倍

　　我們先從收費方式談起。

　　在台灣夾一次娃娃只要 10 元，但在韓國，夾一次娃娃要韓圜
1000 元（新台幣 30 元）。即使有「5000 元夾 6 次、1 萬元夾 12
次」的優惠，甚至有少數業者祭出「1000 元夾 2 次」的放送機台，
但整體來說，在韓國夾娃娃真的很貴！

　　此外，台灣業者為了突顯「公平性」，機台上會顯示「保夾金
額」。例如「保夾金額 500 元」，就是玩家如果在同一個機台上
累積投入 500 元，卻還是夾不出娃娃，系統就不再收費，讓玩家
無限次免費玩，直到成功抓出一隻娃娃為止。

　　但韓國機台並沒有顯示「保夾金額」，技術不好的玩家即使投
再多錢，業者也不保證你一定能贏到娃娃。

　　這種看似對玩家「不太友善」的玩法，可能會被台灣夾客視為
「詐騙機台」，但事實上，韓國業者都會放寬難易度，像是調整爪
子的鬆緊度，或儘量把娃娃擺滿，提高夾到娃娃的機率，所以，韓
國機台往往比台灣的「好夾」。

　　就我觀察，目前日本「寶可夢」系列娃娃雖然很受韓國夾客歡
迎，但普遍來說，韓國人其實比較喜歡美式絨毛娃娃（如維尼小熊、
米老鼠、海棉寶寶等），日系娃娃（如哆啦A夢、三鸝鷗等）反
而比較不受青睞，和台灣很不一樣。

　　此外，韓國人普遍使用的即時通訊軟體 KAKAO（台灣人習慣
用 LINE），裡頭的卡通人物也被開發成絨毛娃娃，更是韓國年輕
男女最喜歡的娃娃種類之一。（雖然有些是 A 貨啦！）

在娃娃的品質上，雖然也是從大陸進口，但我個人覺得品質比台灣優（所以收費較高是可以被理解的）。以「寶可夢」系列為例，台灣機台裡的娃娃，往往一看就知道是仿冒品，但韓國娃娃無論質料、車縫、造型與品質都比台灣好。雖然韓國政府也查獲不少仿冒，但這些 A 貨幾乎都是 A++ 級，所以玩家還是願意掏錢享受樂趣。

韓國很多娃娃機店都是大店面，有些業者甚至租下整棟樓，除了娃娃機外，還擺了跳舞機、飛鏢機、拳擊機、傳統電玩機台，甚至附有投幣式 KTV 包廂、室內棒球打擊練習場等。部分也提供洗手間、飲水機、免費提袋，並聘請服務生管理，規模比「以個體戶為主」的台灣娃娃機店大很多。

玩法多元　難度也不高

此外，韓國娃娃機也很多元化，玩法不只是「用抓的」，用錘子打的、電子式投圈圈、剪線式、瞄準卡座插入式、擲骰子式……各種玩法應有盡有，和台灣娃娃機九成以上都是「用爪子夾的」很不同。

我曾經和新村的娃娃機店長尹東青（譯名）聊過，很巧，他2017 年 8 月曾到台北自助旅行，也對台灣的娃娃機印象深刻。

尹東青說，台灣娃娃機店裡有各種商品，如塑膠公仔、水壺、音響（我還看過情趣商品咧），但這種模式在韓國似乎行不通，因為韓國的夾客多數都是情侶、一群上班族或家庭客，絨毛娃娃的吸引力會比禮品大。

「台灣夾客都很專業，看起來不是去試運氣、享受樂趣，而是去拚輸贏的。」

尹東青也觀察到，韓國娃娃機店的環境比台灣好，店裡會開冷暖器，而且禁菸。但台灣有時二手菸害嚴重，溫度和清潔度也不夠

舒適……，更重要是，他和我看法一樣，就是「台灣機台的難度，比韓國高很多」。

尹東青說，在韓國開餐飲、服飾美妝店，裝潢費用都「吃很大」，人事費用也高。但娃娃機店只需要簡單裝潢，人事需求也不比餐飲業大，所以成本回收很快，吸引業者投資。

事實上，台灣娃娃機店已轉型成「機台租借」模式，也就是業者去租場地、引進機台，然後再把機台租給個體戶（他們稱為台主），台主只要付租金給業者，就能經營自己的機台。不過，機器裡的娃娃（或禮品）來源，台主得自己想辦法進補貨。當然，夾客投入的零錢也都歸台主所有。這種模式讓尹東青有點驚訝，他也表示，自己沒有在韓國看過這樣的經營方式。

他問我：「萬一碰到高手夾客挑戰，花少少的錢，就把裡頭的娃娃夾光，台主不就要賠錢經營了？」

我說：「嗯，的確有這種可能性。」我回答他。

尹東青又說：「這種模式如果要在韓國經營，恐怕就要禁止台灣玩家來玩了。」

「為什麼？」

「因為你們台灣的娃娃機高手實在太多，韓國機台難度又低，萬一被你們台灣高手盯上了，台主肯定要賠錢了！」

咦？怎麼聽到尹東青的這句話，心裡覺得很爽？

遊樂場裡的拳擊遊戲，
讓上班族打假人洩忿。

2

| 情侶最愛 |

釣魚咖啡廳，
調情說愛聖地。

　　男女朋友約會，除了上電影院摸
摸小手、到咖啡廳喝喝咖啡外，還能
去哪？除了娃娃機店外，韓國最近還
流行「釣魚咖啡廳」，成了最夯的年
輕人約會場所。

夾娃娃和釣魚有點像。夾娃娃的過程中，充滿緊張感，夾到娃娃的瞬間，又可以讓人無比興奮，釣魚不也一樣？做釣時有滿滿期待感，釣到魚的當下，也讓釣客獲得開心與成就感。當然，夾到娃娃或中魚的時候，或許還能得到身旁女伴一個大大的擁抱、拉近彼此的距離感呢！

韓國業者腦筋動得很快，在娃娃機店成為情侶最愛的娛樂場所外，近年來也有商人把「咖啡廳」和「室內釣魚場」結合，開起「釣魚咖啡廳」，透過包裝，讓這個場所成為男女約會重地，也成了大學生拍拖的好去處。

2017 年的情人節，JAMES 帶著我、STEVE、香港同學凱蒂，一起到首爾延世大學附近的釣魚咖啡廳玩。我發現，韓國釣魚咖啡廳除了環境佳、收費合理外，業者懂得讓客人「充分展現魅力」，就是成功的關鍵所在。

昏暗燈光加水影　有夜店 FU

什麼是釣魚咖啡廳？聽說，這個行業曾在日本出現過，但沒有像韓國一樣造成風潮。

表面上，韓國的釣魚咖啡廳，就是在燈光美、氣氛佳的咖啡廳裡，挖個池子、放些魚、提供免費釣具，讓客人邊喝咖啡、邊釣魚。但真的有那麼簡單嗎？

JAMES 說，韓國咖啡廳競爭激烈，業者無不絞盡腦汁提供多元的附加服務來吸引客人，但韓國的咖啡廳產業已發展得相當成熟，想搞出新花樣，談何容易？於是有位愛釣魚的咖啡店老闆，打破傳統的服務，造就出全新商機。

根據 JAMES 的說法，這名老闆原本經營的咖啡廳，生意不好

不壞，但隨著新競爭對手愈來愈多，客人又喜新厭舊，有次為咖啡廳重新裝修時，他突發奇想，打算在咖啡廳一旁裝設一個小魚池，在裡頭放魚供客人觀賞。但只是放觀賞魚，那多無聊呀？老闆又想，如果能讓客人邊喝咖啡，還能拿支小釣竿來釣池子裡的魚，應該很有趣吧？於是，這個新點子成了他店裡的招牌，平常和他一起釣魚的朋友，也喜歡來店裡釣釣魚，娛樂一番。

時間久了，他就把釣竿放在一旁，讓所有到店裡喝咖啡的客人，都免費拿起釣竿來釣釣魚。

某天，有對情侶到他店裡喝咖啡，男生拿起釣竿也玩了起來。沒想到，這組情侶玩得比老闆的釣友還開心。男客人利用這個機會，展現自己的好釣技給女朋友看；女朋友也展現溫柔的一面，邊向自己的男人撒嬌，邊當個稱職的助理，幫男朋友擦擦手、跑跑腿，兩人也有更多肢體互動

於是，老闆又重新改裝他的咖啡廳，不但加大魚池和設備，更把消費族群鎖定在年輕情侶身上，刻意營造昏暗燈光與水影的環境，還放起流行音樂，搞得很像夜店，也強調這裡是健康又有趣的約會場所。

JAEMS 講的故事是從網路上看到的，我們都不確定其真實性，也不確定這究竟是不是「釣魚咖啡廳」這個行業的起源，但那天的體驗，真的非常有趣。

我們在店裡消費了 2 個小時，的確發現客人中有七成都是情侶，兩成是老爸帶著兒子來玩，另外一成是像我這種大叔。（但玩得最開心的，還是情侶客人）

坐我隔壁的，是一對延世大學情侶，男大生本來就喜歡釣魚，但女朋友嫌到戶外釣魚會被曬黑，蚊蟲又多，不喜歡陪男朋友去，於是，男生只好帶著女伴到這種室內釣魚咖啡廳來解解釣癮。

我問女生，喜歡這裡嗎？她回答很乾脆：「這裡乾淨，有空調、

飲料、廁所，又不用搭很遠的車到郊區，釣完魚後換他（指男友）陪我逛街，很好啊！」

在現場，我們的確聽到很多女客人中魚時不斷開心地尖叫，也看到男人們樂當英雄，出手幫身旁的女伴拉釣竿、捉魚，當然也看到辣妹靠在男友身上撒嬌的鏡頭，嗯……還有……男人的鹹豬手……。

一小時 300 元　還能抽獎

韓國釣魚咖啡廳採「小時制」計費，每家收費不同，大致每小時約 1 萬韓圜（約新台幣 300 元）。

客人到櫃台「點餐」後，服務生會給消費者一根釣竿、一盤魚餌、一塊抹布、一杯飲料（老實說，並不一定是咖啡），還有一個 RFID 電子識別手環。這個手環記錄客人進場時間資料，如果是會員，還可以掃出歷史消費紀錄與中魚紀錄。此外，識別手環還有個重要功能，就是可以參加店裡的「贈獎活動」。

店長告訴我們，釣到的魚，可以用魚網裝著，把魚放到魚池旁的電子秤量重量，再把手環靠近秤上感應器，就會自動把魚的重量記錄在手環裡。完成這個動作後，釣客就能把魚放回池子中。

為什麼要記錄重量呢？原來是店裡有大尾獎、總重獎和幸運獎活動，結帳時憑著手環看積分，就能知道有沒有中獎，獲得什麼贈品，真是有玩又有得拿呀！

我們在那家店釣了 2 個小時，每人都有 8 到 10 尾的收穫，池子裡即使都是淡水魚，但店裡用「短竿細線」，而且魚體都有 30 公分那麼大，大家玩得很開心，不過最後手環紀錄顯示，4 個人都沒中獎……。（也不知道老闆有沒有作弊）

這家很像夜店的釣魚咖啡廳，四處都上演著「男人中魚取悅女

友」、「女友回饋崇拜眼神給男人」的劇碼。

　　JAMES 說，他曾在網路上看過另一家釣魚咖啡廳的企劃案，有趣的是，成立宗旨上明白寫著：「讓男性展現雄風（釣魚技巧啦）、讓女性們表現溫柔。」

　　我想，這應該就是釣魚咖啡廳能在韓國成功的關鍵，加上贈品攻勢挑起客人喜愛挑戰的慾望，所以短時間就掀起風潮。

　　玩得很開心的 STEVE 告訴我，在歐美完全沒見過這門生意，來台灣觀光過的他還覺得，釣魚咖啡廳其實很像台灣釣蝦場，為什麼台灣沒想到可以這樣轉型？

　　其實，台灣的釣蝦場過去也曾經轉型經營過，只是轉向「陪釣辣妹」這門游走在法律邊緣的服務，我不好意思告訴他罷了……。

3

| 車廂玩創意 |

新奇互動，
撩妹獵男都可以！

　　緊抓人性的需求，讓釣魚咖啡廳
成為情侶約會新場所，而韓國人在地
鐵上「緊抓都會人的需求玩創意」，
甚至讓人在車廂裡交新朋友，這點子
也是很厲害的！

首爾市區的停車空間不多（路邊停車位明顯比台北少），加上停車費貴，塞車又是常態，無論男女上班族，多數都以地鐵為主要交通工具。此外，大部分上班族不住市區，每天搭地鐵的累積時間都超過 1 個小時，於是，首爾各條路線的地鐵車廂往往都擠滿乘客，也成了有效的廣告媒介。

　　究竟韓國人怎麼在地鐵車廂裡玩創意、做廣告？

　　不知道在台灣的你，有沒有「邊搭捷運、邊流口水」的經驗？我指的不是在車廂裡打瞌睡流口水，也不是眼前有帥哥美女而流口水，而是看見「美食廣告」猛流口水。

　　我就曾在首爾地鐵裡猛吞口水，甚至被一則廣告搞到肚子餓，而且餓到胃痛過……。（還真不爭氣啊我）

炸雞拉環 外送 APP 爆紅

　　2017 年，有家廣告公司在韓國地鐵裡玩起創意，他們在乘客拉環上動腦筋，把一隻隻「超級擬真」的雞腿模型，掛在車廂的手拉環上。這則車廂廣告一推出，不只讓韓國人和外國遊客搶著拍照，「喔！肚子好餓！」更是許多乘客們的直覺反應。雖然韓國地鐵裡允許飲食，但我個人覺得，把這麼擬真的雞腿掛在拉環上，對正在減肥的人來說，還真不道德！哈！

　　剛開始，很多人都以為這是炸雞業者的廣告裝置，其實，這是某家「美食外送 APP 業者」的地鐵行銷手法。

　　「這家業者，是目前韓國兩大外送 APP 之一。」JAMES 解釋。

　　他說，韓國人常利用外送服務，無論用電話或 APP 叫餐，幾乎沒幾天就會「叫外送」。雖然所點的食物不一定是炸雞，但這則車廂廣告的出現，的確刺激很多人回家叫外送的慾望。

　　據說，這則「炸雞腿」的廣告，讓該 APP 當月的使用率增加

了三成以上，特別是「炸雞」這個食物選項。另外，這個廣告還創造了一項殊效果，就是讓到首爾旅遊的外國人看了這些假炸雞腿後，加深了「炸雞是韓國代表美食之一」的印象。

在首爾地鐵車廂裡玩創意，可不是只有掛上炸雞腿模型這麼簡單，更有業者想出有趣的互動功能。

你相信嗎？韓國地鐵上真的可以「撩妹」？！這個「撩妹車廂」出現於 2016 年，就在首爾地鐵的 6 號線上。

在這個車廂出現前，首爾官方發現，民眾搭車時不是緊盯著手機看，就是打瞌睡。為了讓冷漠的車廂有點活力，於是才想出了這個「I・SEOUL・U」活動。

這個遊戲被形容為「親民活動」。他們在車廂地板上，貼上有文字指示的梯子圖樣，讓座位上的民眾，順著圖樣行進路線，和對面相對應的乘客玩互動遊戲。例如，兩人可以依照指示，完成注目視、微笑、擊掌等趣味活動。由於這條地鐵路線，經過西方遊客最愛去的梨泰院、年輕人聚集的大學路等重要地鐵站，很快地就吸引年輕乘客和遊客的目光。

對我來說，這個撩妹車廂實在太有趣了！但對作風比較開放的女生來說，這也是認識歐巴的好點子啊！

ALICE 就告訴我，雖然這個活動時間不長，但的確有人試著到地鐵上「撩妹」或「釣凱子」。而年輕人也很享受這種「上地鐵認識新朋友」的機會。（她就曾在地鐵上玩過這個遊戲，只可惜，對方是位大媽……。）

神出鬼沒的環保乞者

其實，台北在世大運期間，「游泳池」車廂行銷也廣受好評。不過，韓國地鐵和台灣捷運還有很多不一樣的地方，例如韓國車廂

內可以飲食，所以連月台上都有販賣美食的商店。此外，讓我印象深刻的，還有地鐵上的「環保乞者」。

　　每次我搭韓國地鐵到近郊，列車行駛出鬧區後，幾乎都會碰到「環保乞者」。這些人往往都是單獨行動，進到車廂後，在顯眼處先來個大大的鞠躬，然後發給車廂兩排乘客每人一張小字條，上頭寫著他們的生活困境、遭遇到什麼不平公待遇，希望大家能捐點零錢，幫助他們脫離困境。

　　他們不像一般只在定點乞討的乞者，而是主動出擊，如果遇到沒有伸手拿字條，或是在打瞌睡的乘客，他們就會輕輕地、有禮貌地把字條放在乘客大腿上。發完字條後，這些乞者會再走回原處，等乘客看完字條後（其實半數人根本不看或不拿字條），乞者會再來個大鞠躬，看看有沒有人願意掏出零錢幫助他們。

　　我為什麼說他們是「環保乞者」呢？因為接下來，他們會再花時間，把乘客手上、大腿上、座椅上，甚至掉在車廂地上的字條回收重覆使用……夠環保吧！

　　「環保乞者」只是題外話，但在韓國還有一群人，真的會在車廂裡賣東西，而且大媽乘客也願意買單，雖然這是不合規定的（地鐵上不能進行銷售行為）。

　　我就曾經見過一位大叔，拖著移動式喇叭和一個行李箱進車廂，先是舉起麥克風清唱了一首歌，然後打開行李箱，掏出一罐罐像藥膏的東西在販賣，有幾個大媽也靠了過去，翻起大叔的行李箱挖寶，裡頭甚至還有「鞋墊」！這讓我想起，台北捷運曾發生「飲料業者在站內違規進行商品交易」，最後演變成業者、捷運局、網友互嗆的新聞。

　　看來，台北捷運的管理的確比韓國地鐵嚴格很多，那未來允不允許廣告主在捷運裡掛臭豆腐？或讓年輕男女進車廂玩互動遊戲找另一半呢？真是好奇！

韓國地鐵有許多敬老、孕婦座位，特定時段也有女性專用車廂。

여성배러

이 칸은 임산

여성 등

인 협

영시

4

| 地鐵奇景 |

醉客、樓梯多，
男人都「捧心」！

　　韓國人除了愛「玩」地鐵廣告
外，首爾地鐵還有三個特色，一是醉
客，二是樓梯，三是「自保」。我曾
在地鐵裡救過一隻「醉右腳」，也因
為地鐵站的樓梯而增肥了好幾公斤。

韓國人真的很愛喝酒，幾乎是餐餐無酒不歡！如果我說他們是全世界最愛喝酒的民族，應該不會有太多人反對。

　　KIM H.J. 說，有人認為韓國人是因為生活壓力太大，下班後不得不「借酒澆愁」，但他認為，韓國人是真的「愛酒」，不見得是受生活壓力影響。講更明確一點，是「愛醉」，只要喝酒，就一定要醉才過癮。也因為韓國人愛喝酒、愛買醉，所以首爾的晚上，四處都能看到酒醉的市民，特別是在地鐵上。

　　其實，不只是在韓國，台北或桃機捷運，最近都鬧出醉客大鬧車廂，或在車廂裡狂吐的新聞。捷運官方也說明，如果有乘客「臉太紅」、渾身酒氣或站不穩，在沒有親友陪伴下，捷運有權利拒載，甚至出動警察強制帶離。台灣人應該都很支持這個作法，但這個規定想在韓國實施，我看很難。

　　因為入夜後，韓國地鐵可稱之為「醉地鐵」，車廂裡四處都是喝了酒的乘客，如果警察要驅離，根本趕也趕不完。

　　其實，韓國人對「醉地鐵」這種現象見怪不怪，倒是我這個老外，有回還被車廂裡的醉客嚇出一身冷汗，甚至曾經「救過一隻右腳」……。

　　有天晚上我和 KIM H.J. 在江南站搭地鐵，當時站內人潮爆多，我們很用力才擠進車廂內。一進車廂，我發現 KIM H.J. 雙手抱胸，擠在一群女學生當中，搖搖晃晃地，動作非常滑稽。

　　過了首爾大學站，不少乘客下車，空間也讓出來了。我站回 KIM H.J. 身旁問：「你心臟不舒服嗎？幹嘛『捧著心』？」

　　「自保啊！不少韓國男人進到擁擠車廂都會這樣，為的就是不想招惹麻煩！」

　　KIM H.J. 說，過去韓國地鐵常發生男乘客借酒壯膽，在擁擠車廂裡上騷擾女乘客。之後則反過來，有女乘客借酒裝瘋，硬指後面

的小弟弟亂撞她的美尻。

　　由於類似事件層出不窮，加上雙方都喝了酒，根本無從判斷誰有理、誰無辜。於是，很多首爾男人現在搭乘擁擠車廂時，都會雙手抱胸（好像害怕自己被襲胸一樣）「以示清白」，免得有理說不清。

　　這動作雖然很好笑，但也是避免被誤會的「好招」！

　　「擁擠的地鐵車廂」非首爾專利，「鹹豬手」事件也在全世界各都會區發生，但韓國類似的糾紛多，主要也是車廂裡醉漢、醉女比例真的很高。我就在首爾地鐵上「救過一隻醉腳」！

　　由於學生或上班族，晚上都喜歡參加聚餐喝兩杯（應該是 20 杯吧），而當地政府對酒駕罰得重、抓得嚴，夜間提供服務的計程車又比白天少，所以聚餐結束後，民眾都習慣搭地鐵回家。所以，首爾地鐵在晚上 9 點後，幾乎每個車廂都能聞到濃濃的酒味，特別冬季車廂空氣不流通，有時真叫其他乘客「不跟著醉」也難。

　　我常在車廂裡，碰到拉高嗓門大聲嚷嚷「我沒醉」的乘客，還有那些「已經醉了」，卻靠在隔壁陌生人肩上大睡，或仰著頭、流著口水的酒客。有時運氣不好，還能看到短裙辣妹，腳開開地坐在對面打呼。（這樣算運氣不好嗎？）。

　　這種畫面天天上演，星期五晚上更是嚴重，屍速列車簡直成了「失態列車」。不過，最扯的是那天晚上，我在車廂裡搶救的「醉右腳」。

千鈞一髮救醉腳

　　有天晚上 9 點，我搭地鐵回家，就站在車廂出入口「透氣」（列車到站時才能吸到新鮮氧氣）。

　　後來有位年約 30 歲的西裝男要搭車。這老兄在月台上就走起

「八家將」，搖搖晃晃地進了車廂，然後站在我身旁。

「肯定醉了！」我心裡這麼想，但反正他就乖乖站在一旁，別出亂子就好。

但事情總沒想像的順利。就在列車要關門的前一秒鐘，他老兄居然「碰」地一聲，醉倒在車廂內，右腳還伸出車廂外，被正關起的車門給夾住了。一旁的我慌了，身後的女學生也尖叫了起來。為了不在列車啟動後「人腳分離」，噴得大家滿身番茄醬，我和另一位大叔出手相救（這不算英雄救美呀），他盡量拉開車門，我則試著把那隻臭腳拉進車廂。

列車啟動前，這隻醉右腳被我們成功救了回來。只可惜，這老兄右腳上的亮晶晶皮鞋，就這樣躺在月台上，孤獨地和主人道別。西裝男呢？他沒醒，繼續醉倒在車廂裡，光著右腳呼呼大睡。剛剛瘋狂尖叫的女學生，也像沒事發生一樣，腳就杵在西裝男腦袋旁，繼續滑她的手機。

KIM H.J.告訴我，這種戲碼天天在地鐵站裡上演，不用太緊張，因為列車長很有經驗，只要車門感應到異物就不會開車，即使我沒救回他的醉右腳，列車也不會就此開走。

但有件事我就很好奇了，首爾地鐵的失物招領中心，是不是經常有「一隻腳」的皮鞋等著主人去領回來？

STEVE 也分享了一次豔遇。他曾在車廂裡，碰到隔壁辣妹醉倒在他的大腿上，害 STEVE 動都不敢動，就算自己過站了，也不好意思吵醒對方（我看是捨不得叫醒人家吧），直到辣妹自己醒了、下車了，STEVE 才下車搭對向列車回家。

唉，人家碰到的是辣妹，我卻是臭腳……。

韓國大叔搭地鐵,也太隨興了!

地鐵樓梯走到要起肖

　　除了在車廂裡醉倒外，我也常在地鐵出口的樓梯上，看過不少坐在樓梯間休息的醉男醉女。

　　講到地鐵的樓梯，由於首爾地鐵於 1974 年就通車，所以多數地鐵站只有樓梯，沒有手扶梯（台北捷運真的很方便呀）。即使每站還是設有包廂式升降梯，但大部分是老人或身障者在使用（年輕人去搭可能會被賞白眼），且排隊都排很長，所以一般韓國人都習慣爬樓梯進出站。即使官方最近幾年不斷想辦法加設手扶梯，但和晚 22 年才營運的台北捷運比起來，韓國地鐵站的電梯數量真的很少。

　　戶長和我剛到首爾時，最害怕的就是地鐵站裡的樓梯了，因為首爾地鐵都挖得很深，有時從出車廂一直到地面，總共要爬個 5 或 6 層樓，真是累死人。

　　早期，我們會刻意去找設有手扶梯的出口，到地面後，再利用人行穿越道到目的地。但後來發現，首爾地鐵站的占地都很大，如果為了搭手扶梯而走非目的地的出口，往往得多花很多時間來繞圈子，慢慢地也就習慣走樓梯的生活了。

　　我想，在韓國生活的日子，應該是我這個懶人這輩子爬最多樓梯的時候吧！也因此讓自己的體重增加了不少。

　　你或許會問，「多走樓梯，運動量增加，應該會變瘦，怎麼會增肥呢？」

　　廢話！那麼辛苦爬樓梯上樓，走到都累了，再加上車廂拉環上出現那麼多「炸雞腿」，出了站，當然要找家「鋪張馬車」（地攤），吃個魚板或年糕補充體力呀！不肥才怪！

5

| 韓屋咖啡夯 |

百年老屋裡，
喝出衝突的美感。

　　韓國人愛喝咖啡，每人每年要喝
428 杯以上。而滿街都是咖啡廳的首
爾，最近也流行起結合現代與傳統的
韓屋咖啡，不過，三合一咖啡依舊是
他們的最愛。

「韓國人最喜歡的飲料，除了燒酒，就是咖啡了！晚上喝燒酒、白天喝咖啡，才算是正的韓國人吧！」導遊 JANNY 說。

韓國人愛喝酒，從地鐵裡的酒氣就「聞得出來」，但他們究竟有多愛喝咖啡？

根據統計，每位韓國人，平均一年要喝掉 428 杯，也就是每天要喝超過 1 杯咖啡，讓韓國咖啡市場在近 10 年內快速成長，每年高達 78 億的商機。

韓國農林水產食品部在 2014 年做了個有趣的統計：韓國人每星期會吃 11.8 次泡菜、7 次米飯，但每周卻會喝 12.8 次咖啡，也就是韓國人喝咖啡的頻率超過了米食，甚至是象徵國族的泡菜……。

「1 天何止 1 杯，我要 3 杯吧！」JANNY 似乎覺得「1 天 1 杯」這個數字太少，她還認為，韓國咖啡產業要從兩個面向談起，一是滿街的咖啡廳，二是早已成為韓國人日常生活一部分的三合一咖啡。

根據 2017 年首爾咖啡展資料顯示，全韓國有超過 2 萬家咖啡廳，光首爾就有 1 萬 2300 家。不過韓國企業內容振興院卻指出，韓國咖啡店數量在 2015 年就達到了 5 萬家。兩個調查數字有落差，可能是對「咖啡店」的定義不同。但無論哪個資料正確，韓國咖啡廳的發展蓬勃，是不爭的事實。市場能容納這麼多咖啡廳，除了韓國人愛喝咖啡外，也深受 KPOP（韓國娛樂流行文化）的影響。

近年來，韓星為連鎖咖啡廳代言，甚至親自投資咖啡廳吸引影歌迷的案例很多。咖啡廳業者也大量在韓劇中進行置入性行銷，甚至進軍全球打開品牌知名度，讓韓國咖啡廳成為當地觀光賣點之一。

網路上有篇文章，描寫韓國的咖啡歷史源自於 1910 年，有位在首爾經營燃料市場的法國商人，首次用咖啡來吸引客人，當時韓國人把這種「深褐色又帶有苦味」的飲品稱為「洋藥湯」。

　　後來，美軍將咖啡大量帶進韓國，只是初期被韓國人拿來當成驅蟲藥使用，直到 60 年代後，咖啡慢慢被認定為飲品，開始在韓國普及。1976 年時，即溶混合咖啡在韓國上市，讓咖啡正式成為平民飲料。

益善洞咖啡村 文青必訪

　　其實，韓國本土沒有生產咖啡豆，卻是世界上「咖啡喝最多」的國家之一，更在全球咖啡消費國裡排名第十三名。

　　如今，韓國已有 Caffe Bene、Angel-In-Us、Tom N Toms、A Twosome Place 等大型本土連鎖咖啡店，全球連鎖咖啡龍頭星巴克近年更成為韓國前三大連鎖咖啡店，讓「無所不在的咖啡店」成為韓國街頭特色。

　　雖然咖啡連鎖店一家接著一家開，但最近受到韓國人瘋狂喜愛的，並不是觀光客喜歡的一般咖啡廳或連鎖店，而是結合傳統與現代的「韓屋咖啡」。

　　所謂「韓屋」，就是韓國傳統的屋子；而韓屋咖啡，就是在這些傳統建築裡開咖啡廳。這種結合傳統與現代的獨特建築風格咖啡廳，很受到韓國人喜愛，其中「益善洞韓屋咖啡」，是近期首爾市區內最火紅的韓屋咖啡集中區。

　　益善洞韓屋村形成於 1920 年左右，當時是藍領階層居住區域，和鐘閣、明洞、東大門、光化門等景點一樣，都位於首爾鍾路區，是首爾市區裡歷史最悠久的中心地帶，但相較於其他景點來說，並不為外國觀光客所熟悉。

走進益善洞韓屋村會發現，當地依舊保留著近百年前的住宅原貌，讓韓屋與周圍的高樓大廈形成強烈對比。這個被稱為「韓屋島」的區域，現在還有人在此居住，所以四周充滿了生活的痕跡，加上首爾市政府近年來鼓勵年輕藝術家和青年創業家在益善洞落腳開店，讓上百家韓屋咖啡或韓屋餐廳，誕生於這個狹窄且蜿蜒的小巷中。

此外，這裡的店家各有不同的裝潢特色，讓遊客感受到新舊衝突的美感，以及平凡又寧靜的首爾日常。

就是戒不掉三合一

益善洞韓屋咖啡這類商圈，其實在韓國境內相當多，加上都會區滿街的連鎖咖啡廳，讓外國人到韓國生活或觀光，都不會忘了試試韓式咖啡（雖然我覺得口味並沒有特別好）。

但韓國人可不只喜歡「上咖啡廳喝咖啡」，反而是隨處可見的三合一咖啡，才是韓國咖啡市場中地位最重要的商品。

事實上，韓國連鎖咖啡廳的咖啡售價並不怎麼親民。一杯美式咖啡約在 4000 至 5000 元韓圜（新台幣 120 元到 140 元左右），雖然部分不提供座位的咖啡店，常有 1000 韓圜（新台幣 30 元）促銷價，但對每天要來好幾杯的韓國人來說，是筆不小的開銷。這也讓便宜的三合一咖啡，成了韓國人「戒不掉」的習慣。

在韓國辦公室裡，一包包長條形的即溶三合一咖啡，幾乎比上班用的文具還重要。一般企業的總務採購，每個月都必進一款名為「Maxim」的即溶咖啡包。在韓劇《未生》中，辦公室茶水間裡那一箱箱免費的 Maxim，就是韓國群體生活中非常重要的一部分。

據說，有 62.6% 的韓國人平常都喝三合一咖啡，只有 10.8% 的人會喝研磨咖啡，其中又以女性最偏好三合一咖啡。此外，在傳

統食堂店或烤肉店裡，老闆都會在門口擺上咖啡機，或在有熱水的飲水機旁，提供紙杯和三合一咖啡包（大部分也是 Maxim）。

　　JENNY 說，這些三合一咖啡多數是免費的，有些韓國人會禮貌性地告訴老闆：「我喝杯咖啡」，然後就自己去沖咖啡去了。至於咖啡機，部分也是免費提供，即使收費一杯也只要 100 或 500 韓圜（新台幣 30 元到 140 元）。而且韓國人沖三合一咖啡，用的熱水都不多，也就是他們會把咖啡泡得很濃，有時還會當「解酒液」來喝。

　　其實，我在韓國生活時，很少喝咖啡機或三合一咖啡，大部分還是到咖啡連鎖店點杯咖啡殺時間。

　　一方面是喝慣了台北優質的單品手沖咖啡後，實在無法適應那些甜不拉幾的三合一產品；二方面是，畢竟咖啡店裡「風景好」，如果躲在家裡喝，就看不到咖啡店裡那些打扮時髦的辣妹了！

6

冬天吃冰

穿大衣配暖氣吃，
更爽！

韓國的冬天，常冷到讓台灣人大喊吃不消，但韓國人卻流行在冬天裡吃冰，挫冰連鎖店甚至能在一年內狂開 490 家，他們說「挫冰，就是要冬天吃才爽」！

台灣有不少女性朋友，堅信「吃冰」對健康不好，而且會影響月事，所以無論夏天有多熱，台灣妹們都不敢大口吃冰。但韓國人可不吃這套！他們習慣夏天喝熱湯，冬天嗑挫冰！

　　在聊韓國的冰店前，我們先談談韓國「以熱治熱」的習俗。

　　韓國人有個傳統節目叫「三伏天」（其實應該是中國的傳統節目）。他們將夏天裡最熱的那段時間統稱為此，再細分為初伏、中伏和末伏，日期大約是國曆 7 月 15 日到 8 月 18 日間。

　　老人家們認為，這段日子的氣溫很高，人們常常會懶洋洋地沒有力氣工作，所以在三伏天裡，一定要吃營養滿分的蔘雞湯來補身體。

　　你沒聽錯，就是在熱得半死的夏天裡，喝那種熱滾滾的韓式蔘雞湯。因為根據韓國漢醫師（中醫）的說法，人們喜歡在炎熱的夏天裡，吃爽口的生冷食物，例如吃冰、冷麵、飲料等，加上現代人都習慣在夏日裡泡冷氣房，所以風寒濕邪反而比冬天更容易入侵人體。

　　傳統的韓國人認為吃蔘雞湯才能「有精神」，而醫師們則認為，熱呼呼的蔘雞湯可以讓人把汗逼出來，有助於皮膚將毛細孔張開，讓身體降溫消暑。也因此，韓國的蔘雞湯店不但冬天生意好，就連熱到令人發瘋的三伏天裡，也是人潮滿滿，擠滿了臉上掛著大小汗珠的客人，猛喝蔘雞湯、藥酒。

　　這雖然是項傳統習俗，但現在的韓國年輕人還是相信這套「以熱治熱」的說法。不過，韓國人除了「以熱治熱」外，還流行「吃冰過冬」，即使穿著厚外套、開著暖氣，也要在零下氣溫的冬天裡來碗挫冰。

千種口味任選

JENNY 說：「韓國人吃蔘雞湯不分四季，吃冰也一樣，我們更習慣在冷冰冰的冬天裡來碗挫冰，那才過癮呀！」

韓國雖然位處高緯度，平均氣溫比台灣低，但夏天偶爾還是會飆高到 35 度，所以和台灣一樣，各種冰品在夏日裡都很受歡迎。

但不只是夏天，韓國人更喜歡在冬天裡吃冰。

對！就是在飄著大雪、零下的氣溫裡吃冰！即使是零下 15 度的天氣，他們也堅持來根霜淇淋或點碗挫冰，所以就算馬路上積著大雪，冬天的冰品專賣店裡，人潮也不會輸給夏日。

我曾在首爾建國大學鬧區看到一家冰品量販店，這家位於三角窗的冰店大約有６０坪大，裡頭賣的都是冰棒、甜筒、冰淇淋，不但商品都是韓國品牌，而且售價更是一般通路（便利商店）的對折。

店員說，店裡有將近 1000 種冰品口味，一展店就深受年輕的學生族群歡迎。之後也吸引了很多家庭客特別開車來買冰，而且一趟就是搬 50 支、100 支冰棒回家。暑假期間，一天可賣上萬支冰棒。

為了確定店員有沒有吹牛，我特別在店門口站了一會兒，果然不假，還看到有客人專程開著私家車來載著整箱整箱的冰棒。

夏天生意那麼好，那冬天呢？

店員說，韓國人有「天氣再冷也要吃冰」的習慣，冬天銷售量或許沒有夏天好，但整體業績也有夏日的七到八成左右。一位帶著兒子在櫃檯結帳的爸爸，聽到我和店員的對話時，還插嘴說：「冬天吃冰才爽！開暖氣吃冰更爽！」

事實上，這種冰棒、甜筒或冰淇淋專門店，在韓國正開始流行，而且隨著氣溫一年比一年熱，生意也愈來愈好。這些店除了具有價格競爭優勢外，經營門檻也不高，成為未來最被看好的流行性連鎖

事業之一。

　　不過，目前市場上比冰品專賣店更受歡迎的，就是那種「讓客人坐在店裡慢慢享受冰品樂趣」的挫冰店。這種冰店不但在夏天與冬天都生意爆表，更成為許多外國觀光客到韓國旅遊時必定朝聖的目標。

　　韓國人除了冬天也吃冰，更喜歡到燈光美、氣氛佳的連鎖冰店或咖啡廳，點杯熱茶或咖啡，「配」暖氣、吃挫冰。

　　有些反韓族可能會笑：「韓國人在發什麼神經？冬天邊吃冰、邊配暖氣，有強迫症啊？」

　　我覺得還好，畢竟台灣人也喜歡在大熱天裡到火鍋店，吃麻辣配冷氣呀！

「雪冰」稱霸連鎖市場

　　究竟韓國人有多愛吃冰？我們從韓國連鎖冰店的規模就能看得出來。

　　韓國最大的連鎖挫冰店叫「雪冰」，已開了近 500 家分店。該公司成立於 2010 年，當時是一家以「年糕」為主題的時尚咖啡屋，店裡的年糕雪冰和年糕吐司是主要招牌。

　　2013 年公司正式註冊「雪冰」商標，接連在首爾江南、金浦機場和釜山開直營店，並於 2014 年展店大爆發，不但在百貨公司設櫃，還與韓劇《皮諾丘》合作打開知名度，一口氣就開了 490 家店（含加盟），成為韓國冰店霸主，並在 2015 年進軍大陸與泰國，正式跨足海外市場。

　　沒去過「雪冰」的你可能會認為，不過是家開了 500 個小冰店的公司，有什麼了不起的？但如果你親自走進它的門市，看了每家店的規模和產品創新能力，就能感受到，這是家不簡單的企業。

「雪冰」在韓國的門市，可不像台灣那種 10 多坪的小冰店。在首爾等大都會區，「雪冰」門市動不動就是上百坪規模，時尚裝潢、寬敞座位、面對熱鬧街頭的大片落地窗，配上穿著制服的員工提供標準化服務，樣樣都符合年輕人胃口。此外，每家「雪冰」都有大廚房、嚇死人的大冰箱，且所有冰品與水果都是現點現做。有人推測，這種設備成本在首爾開一家「雪冰」，成本恐怕都要超過 300 萬新台幣，一年內就開了將近 500 店，投資成本與風險勢必驚人。

　　有別於過去以「年糕」商品打響名號，現在的「雪冰」為了符合年輕族群與觀光客的需求，逐漸地將商品轉朝「創意水果冰」發展。夏季主打哈蜜瓜、水蜜桃冰，而冬季則拿草莓和香蕉冰當招牌。

　　「雪冰」的商品包裝也很有噱頭。

　　以「哈蜜瓜冰」為例，業者將哈蜜瓜去皮去籽，將半顆哈蜜瓜蓋在刨冰上，並附刀叉讓顧客像切牛排一樣，把哈蜜瓜一片片切下來配著煉乳冰一起吃；「草莓冰」則是不吝嗇地擺上超過 15 顆草莓，就連刨冰裡也全是草莓塊；「香蕉冰」除了有香蕉切塊外，刨冰裡甚至還藏著整塊蛋糕。

　　此外，雪冰的大量展店也成了韓國鬧區裡的地標，年輕人相約在店裡碰面、男女朋友會在這裡約會，兩人共用一根湯匙挖刨冰吃，多甜蜜呀！

　　從「雪冰」的創新來看，業者肯定在商品研發上花不少功夫，利用當季韓產或進口水果，成功吸引消費者目光。

　　其實，在韓國也不是只有「雪冰」在賣冰品，美國品牌「31 冰淇淋」在韓國有數百家門市，各家連鎖咖啡廳也都有挫冰或冰淇淋相關商品，可見「韓國人冬天吃冰」的特殊習慣，讓這裡的冰店稱得上是韓國另一項「特產」。

　　下次冬天到首爾，可別忘了享受一下寒天吃冰的樂趣！

7

｜瘋洋食｜

年輕人愛嘗鮮，
視覺享受擺第一！

　　過去，大家都認為韓國飲食相對
單調，甚至認為「韓國人以吃泡菜為
生」。其實，隨著大量洋食入侵韓國
市場，當地飲食文化早已悄悄改變，
即使泡菜依舊是韓國飲食代名詞，但
他們對洋食的接受度，已讓韓國餐飲
愈來愈多元化。

早期到韓國觀光或出差的遊客，最受不了韓國的飲食，因為這裡「餐餐必泡菜」，而且「道道皆辣味」，讓台灣人有點吃不消。

　　剛到韓國的第一個月，我也這麼覺得。每天都是飯卷、年糕、泡菜、拉麵、石鍋、烤肉、人蔘雞……但隨著韓國朋友愈來愈多，消費過、打過卡的餐廳不斷增加，也讓我對韓國飲食逐漸改觀，體重計指針也不斷往右偏……。

　　西江大學學生食堂裡有提供自助餐服務。但和「台式自助餐」很不一樣，很單調、很無聊、更讓我覺得想哭……。

　　台灣的自助餐，往往有魚有肉有菜，烹煮方式更是蒸、炒、煎、炸應有盡有。但這裡的學生食堂，往往就是一份肉、一碗熱湯、一份沙拉、白飯吃到飽，接下來就是「各種泡菜」供人選擇。

　　其實，韓國人口中的泡菜，並不只是我們想像中的「醃辣白菜」。基本上，只要是青菜拿來醃，無論蘿蔔、白菜、韭菜、大蒜、芝麻葉，都統稱「泡菜」。而學生食堂裡，除了吃到飽的白飯外，周邊往往擺滿各種紅咚咚的泡菜。除非「運氣好」，才有蛋卷、魚板等「稀有菜色」可以挑選。

　　為了省錢、省時間，我和戶長在學校吃了快一個月的「泡菜大餐」，即使晚上會到附近小食堂用餐，但仍逃不了「各種泡菜」的狙擊。

　　我想，那個月吃進肚子裡的醃製食物，可能是前 3 年的總合吧？

　　「韓國食物好單調」是當時我們共同的感受。直到有天嘗試叫了外賣，點了第一塊 Pizza，才正式和泡菜大餐說再見，但也和當時的體重說再見了。

什麼都要加起司

　　韓國的自助餐口味不比台灣，但 Pizza 可不一樣，真是美味極了！

　　在台灣，咱們的 Pizza 會在麵皮上擺滿各種肉類、海鮮、青菜等佐料，麵皮要多油有多油，要多厚有多厚，甚至厚到裡頭可以藏香腸、搞芝心。

　　但韓國 Pizza 餅皮多半是薄脆式，佐料雖只有洋蔥、蕃茄、甘藍、青椒等，但滿滿的起司卻是賣點，分量多到令人大大滿足，還有各種起司口味可選擇。說真的，我非常推薦韓國的Pizza，「起司」就是主要原因。

　　其實，韓國是亞洲最愛吃起司的國家之一，不只 Pizza 和漢堡要加起司，吃排骨要加、吃年糕要加，連泡麵、香腸、章魚、炸雞、炒飯、部隊鍋、煎蛋、肋排、玉米或各種炸物，甚至連挫冰都要配上起司才過癮。

　　由於起司需求量大，業者也引進來自全球的各種口味起司，餐飲業者在開發「與起司相關」新產品上費盡心思，讓相關食物更多元化。

　　有人說，起司是西方食品，韓國本身又不生產，為什麼那麼愛吃起司？

　　我認為，韓國飲食文化深受中國影響，加上天氣寒冷食物匱乏，傳統飲食文化根基相對較淺。此外，韓國早期因為保護主義盛行，年長者對新事物接受度低，受「身土不二」觀念影響大（在哪裡生活就吃當地種植的食物），加上商業運作又有貿易壁壘問題，西方餐飲一直沒能打進韓國。

　　隨著韓戰時期美軍進駐，把咖啡、起司、鬆餅等飲食帶到韓國，讓年輕人開始接受外來飲食，像起司這種食材，就完美地與傳統韓

國飲食融合，慢慢地，西洋飲食就順利進入韓國了。

　　除了受美軍影響外，韓國人很重視「食物的賣相」（和「以貌取人」的習慣相似），起司融化時「拉絲」的模樣很有噱頭，容易增加商品視覺享受，因此裹著起司的熱食，常讓韓國消費者短暫失去理智，瘋狂搶購。

　　另一個起司會受到歡迎的原因，我認為與韓國傳統飲食過於清爽有關。

　　韓國飲食偏辣偏鹹，卻不油膩。例如，泡麵沒有油包、各種湯食油量很少（最多就辣油）、海鮮用蒸的、飯卷只用少量麻油、烤肉也會把油都逼出來才食用、就連韓式炸雞也比美式或台灣炸雞排還清爽。

　　因此，韓國人的脂肪攝入較少，起司和乳酪類商品的銷量就特別好。

早餐市場還待開發

　　過去韓國人深受保護主義影響而拒絕外國餐飲，不過這幾年來，韓國人不只「熱愛起司」，就連對全球各種飲食的接受度也快速提高，讓我覺得很驚訝。

　　由於早期被日本殖民，加上境內朝鮮族人數眾多，韓國很早就有很多中式餐館或日本料理餐廳。

　　一般來說，中國餐飲早已深入韓國人生活中（如炸醬麵、餃子等），而日本料理更被韓國人視為高檔料理（雖然他們很討厭日本人，卻愛日本菜）。但除了中日料理，美式料理近年大量出現在韓國市場，無論學區或年輕族群集中的鬧區，一定都能找到美式餐廳，更是外送餐飲 APP 裡除了韓食外最重要的區塊。想在韓國大口吃道地美國漢堡、香噴噴牛排，都不成問題。

韓國人愈來愈喜歡洋食了！首爾梨泰院街上的土耳其點心店。

此外，韓國人也喜歡酸辣東南亞飲食，這可能和傳統韓國飲食習慣接近有關。而印度菜、中東菜、歐俄料理甚至南美料理，在韓國也都找得到。

經營食堂的卜老闆，最近就計畫到東南亞考察，引進新東南亞餐廳。他說，韓國外食人口多，年輕人口味愈來愈多元化，傳統韓國飲食已無法滿足市場，業者勢必要導入更多國際化料理。

他認為，韓國人很注重餐飲的「視覺享受」，所以業者也學會了「包裝外國餐飲」來吸引消費者。業者賣外國菜必須本土化，不但要調整口味，讓商品被韓國人接受，更要讓產品「有噱頭」，才能順利引人注意。

雖然韓國人對外國餐飲接受度愈來愈高，但有一個習慣直到如今都沒有改變，就是早餐文化。

直到如今，大部分韓國人依舊習慣在家吃早餐，白飯配泡菜、海帶湯，近年來，有些上班族來不及在家早食，才會到便利商店買個手卷果腹。但無論燒餅油條等中式早點、稀飯麵線等台式早餐，或豐盛營養的西式早餐，目前在韓國仍不普見，即使是台灣旅客到韓國觀光時瘋狂排隊的 ISAAC 吐司，其實也不是韓國人習慣的早餐選項，反而是觀光客的最愛。

曾在台灣生活過的 JENNY 就說：「台灣食物肯定比韓國好吃啦！早餐更是，或許台灣人可以考慮，到韓國開台式或中式早餐店，那我一定去捧場的！」

8

｜叫外送｜

沒親自叫過，
別說你在韓國生活過！

怎麼樣才算「在韓國生活過」？
韓文老師小金說：「沒親自叫過食物
外送，就不能算在韓國生活過！」

有天上課，小金老師問來自世界各地的同學：「比起來韓國觀光的遊客，你們覺得怎麼樣才算真正在韓國生活過？」

大家答案五花八門：「去過汗蒸幕」（韓國式的三溫暖）、「習慣擠地鐵和搭公車」、「敢吃辣和生章魚」、「練成三瓶真露（韓國酒）不醉的酒量」、「養成化妝後出門的習慣」，還有人說，要交到韓國男女朋友，才算在韓國生活過……。

而我的回答是：「學會親自叫宵夜外送，才算在韓國生活過」！於是我得到小金老師給的一張「我最棒」貼紙。

其實，我會想出這個答案，是因為本人是位好學生。前幾天在預習韓文課本時，就知道當天要教大家「如何點餐」和「如何打電話」……。

當然，你硬指我作弊？也可以啦！但我真心認為，如果不懂得如何在韓國叫食物外送，那真的不能算「在韓國生活過」。因為，「想吃東西就叫外賣」這件事，就像在台灣「騎機車去買鹹酥雞配珍奶」一樣普遍。（沒吃過鹹酥雞配珍奶，能算在台灣生活過嗎？）

韓國的餐飲外送服務十分發達，從韓劇裡就能得知。

戲劇裡外送的食物，從最熟悉的炸醬麵、炸雞、傳統的排骨湯、拌飯、豬腳，一直到美式漢堡、Pizza、義大利麵都有，就連日式豬排飯、生魚片壽司，甚至連挫冰都可以叫外送。

免開伙免洗碗 懶人福音

我在韓國生活，除了常叫炸雞外送，還喜歡來份「豬腳」！

韓國豬腳和台灣有點像，但原味豬腳沒台灣那麼鹹甜；辣味烤豬腳口味又比台式重。他們習慣包生菜、大蒜、青辣椒、醃蘿蔔、泡菜和韓式辣醬一起吃。無論在豬腳店裡吃，或叫外送的豬腳餐，食材內容都差不多，但豬腳外送有時可以選擇加點義大利麵，雖然

費用不便宜，但分量很多，物超所值。

在首爾市區裡，豬腳店數量其實不少，炸醬麵、炸雞、漢堡或Pizza餐廳也很多，但為什麼韓國人還是那麼喜歡叫外賣？我認為有三個原因。

第一，韓國人不像台灣人習慣騎機車去買食物，且住宅區和商業區有一定的距離（總不能搭公車去買炸雞吧），所以很依賴食物外送服務。

二是韓國冬天真的很冷，人們懶得出門吃東西，下大雪時也不方便外出，所以無論家庭或公司，叫食物外送的需求就變高了。（我有位台灣朋友，家就住餐廳隔壁巷子，冬天還是硬叫外送，實在很懶⋯⋯）

三是許多外送業者有提供集點服務，消費者累積業者設定的點餐次數或金額，就能在下次外送時獲得優惠或贈品。

而韓國人叫外送的管道有兩種方式，一是直接打電話給店家；二是透過外送APP點餐，之前提到「在地鐵車廂裡掛炸雞」，就是餐飲外送APP的行銷廣告。

以目前較多年輕人使用的餐飲外送APP為例，消費者在加入會員後就可以開始點餐，餐飲製作完後，會由騎著機車的外送服務員，把食物送到指定地點。消費者可透過現金或銀行卡（或信用卡）與外送員現場交易，一手付錢一手拿貨，而外送員則會利用一台掌上型刷卡機，現場刷卡結帳或收取現金。

一般的西式餐點，多採用一次性使用的餐具，韓式或中式餐點（像炸醬麵或排骨湯）有時會用傳統碗盤來裝盛。不過你放心，即使業者提供的是必須清洗的碗盤，消費者在用完餐後，也不必幫忙洗碗，只要把餐具扔進外送員提供的塑膠袋內，再把袋子放在門外，大約2小時後，業者就會再派人來把餐具收走。

在首爾，由於餐飲業競爭激烈，所以無論是店家本身的外送服

首爾市廳站的韓式傳統豬腳，本人大力推薦。

務，或餐飲外送 APP 的服務，通常都是免費的（但我也有碰過要收外送費的漢堡店）。不過，走出首爾，如釜山等地就不是這樣了！

即使是大型連鎖炸雞店的外送服務，有時也會視送餐距離或點餐時間，向客戶收取 1000 到 3000 韓圜（30 至 85 新台幣）的服務費用。

外送 APP 有 110 億美元市場

目前韓國較受歡迎的外送 APP 業者，有「YoGiYo」、「外帶通」、「外送民族」。

根據報導，韓國餐飲外送 APP 市場每年達 110 億美元（3300 億新台幣），受到單身、雙薪家庭的數量增加影響，預計市場將持續成長。

我最常使用的「YoGiYo」，每月至少有上百萬筆訂單，月營收相當可觀，如果你去韓國旅遊打開飯店的電視，也會發現「YoGiYo」的電視廣告鋪天蓋地而來。而號稱是韓國最大的外送 APP 業者「外送民族」，每月也有近 300 萬筆訂單，和英國網絡訂餐業者「Delivery Hero」、美國「Seamless」不相上下，而 2016 年總營收更達到 848 億韓圜（25 億新台幣）。也因此，「外送民族」APP 的母公司 Woowa Bros，去年又接受了 120 億韓圜（新台幣 3.6 億）的投資案。由此可見，韓國人仰賴餐飲外送服務的程度。

像單身，在家又不開伙的 JAMES 就說：「如果哪天外送服務消失了，很多韓國人不是天天吃泡麵，就是等著餓死吧！」

「你們韓國人這樣會不會太懶啊？」我問 JAMES。

「懶？那你櫥櫃裡那些『YoGiYo』的免洗筷是怎麼回事？」JAMES 指著我廚房裡那一把 APP 業者送的餐具這麼說。

尷尬的我只好笑著說：「是呀！我也很懶！」

其實，除了受到天冷、離餐館距離遠，或 APP 業者提供優惠等因素影響，導致韓國人非常依賴餐飲外送服務外，我認為，韓國人「個性急」也是這類服務大受歡迎主因。

　　畢竟，餐飲外送服務能夠省下到店面用餐的步行時間，也不用在現場「等」著餐點製作。此外，韓國上班族經常與同事一起去餐廳聚餐，他們在餐廳吃飯也像在作戰一樣，「吃飽了就趕快離開」。所以，假日時如果能在家裡叫外送服務，可以享受「相對悠閒」的用餐環境，而且還不用洗碗，多方便呀！

　　難怪小金老師認為，「沒親自叫過食物外送，別說你在韓國生活過！」更難怪我在韓國生活的這段時間，肚子一直消不下來……。

韓國電影近幾年相當受到全球市場歡迎，圖為韓國電影院外發送的宣傳單與小海報。

9

│ 迷電影 │

OMG！
玄彬本人就站在我面前！

韓國是全世界最愛看電影的國家，平均每人 1 年要進戲院看 4.22 部電影，而且喜歡韓國自製國片的比率（53.4%），比美國好萊塢電影（31.8%）高，原因可能和自製電影的質量，以及電影院的服務有關。

我的「韓國電影院初體驗」，是和戶長到韓國最大連鎖電影院「CGV」。（當然是和戶長，啊不然咧，難道我敢寫和其他女生？）

　　其實，當時我和戶長的韓文能力並不好，要在韓國電影院裡，看沒有英文或中文字幕的韓國片，是很吃力的！但為什麼最後還是硬著頭皮，像鴨子聽雷一樣，花錢買票走進戲院呢？原因是陪著戶長去追星。

　　那部韓國初體驗的電影，在台灣也有上映，就是《機密同盟》，由知名演員玄彬、柳海真、金柱赫，還有少女時代的潤娥主演。

　　是啦！少女時代的潤娥很美，也是很多台灣粉絲到韓國追星的對象之一，但可惜戲分不多（她也不是我的菜）。但戶長可是對玄彬「很哈」，一聽到可以在電影院裡看到玄彬，二話不說就上網預約訂票了。

　　我指的「看到玄彬」，可不是在大螢幕裡看到玄彬！而是玄彬本人，會在戲院裡現身，和影迷們近距離接觸。

　　在韓國，業者為了刺激票房，往往會在電影上檔初期，把影迷見面會直接辦在戲院內。有的會選擇在場次開播前進行，有些則會在電影放映結束後，讓導演和演員們站在影廳前，和看片的客人面對面互動。

　　台灣某些國產片也會舉辦類似活動，但通常只有在首映會，演員才會現身。不過，在韓國可不一樣，演員和導演往往會在上映當周，挑選 10 場以上的場次（次數不一定），讓演員現身出席活動。

連機場都有電影院

　　韓國當地的影迷都知道有這種活動，業者也會在網路上預告活動場次，於是，這種有演員出席見面的場次，就會一票難求。

　　當天活動，玄彬、柳海真、金柱赫（已故）等人，果然在電影

播放結束、戲院燈光亮起後，從入口處緩緩地走出來，接受所有人的掌聲。然後在舞台上，由主持人簡單問幾個問題，現場也抽籤，讓中獎的客人上台和演員們合影。當然，頭殼尖尖的我們並沒有被抽中，但玄彬從距離我們不到 2 公尺的走道經過，也讓戶長的眼睛瞪得像荔枝一樣大。（唉，那場見面會，潤娥沒出現，對我來說，真是無聊透了⋯⋯）。

　　隔周，戶長又和班上的台灣同學凱，一起去看了趙寅成、鄭雨盛主演的《金權性內幕》（韓文더킹，THE KING）。當然，也是因為該場次有安排見面會，兩人才挑該場次買票看戲，據說，現場女影迷們個個都心花怒放呢！

　　韓國電影院提供的環境、餐飲等服務，其實和台灣不會差太多。除了這種見面會讓台灣影迷感到新奇外，戲院規模一間比一間大，而且遍地開花，也是一大特色。

　　當地大型連鎖戲院有 CGV、MEGA BOX 和樂天的 Cinema，這些業者光在首爾，就各自有 10 到 20 個據點，有部分會設在百貨購物商城裡，但也有戲院包下整棟大樓，像台北信義威秀一樣。

　　多數連鎖電影院都設在人口密集處，但首爾也有一些比較舊的單獨營運電影院業者，例如首爾戲院、大韓戲院等。但無論是哪種經營模式，只要是電影院所在處都會成為重要商圈，各種店家與餐廳密集分布，對消費者來說相當方便。值得一提的是，連首爾的仁川機場和金浦機場內都有 CGV 電影院！

　　為什麼韓國有那麼多電影院？原因就是韓國人超愛看電影，就連等飛機的空檔都不放過！調查顯示，韓國，就是全世界最愛看電影的國家。

一年要看 4.22 次 全世界最多

　　根據韓國電影振興委員會的資料，2015 年韓國電影產業收益為 2 兆 1131 億韓圜（600 億新台幣），而且比前一年又成長了 4.2%。韓國習慣以「觀影人次」做為票房計算方式。而 2015 年，韓國電影總觀眾人次達 1 億 1293 萬，也比前一年增加了將近 5%，估算每位韓國人，平均 1 年要看 4.22 次電影，這是全世界最高的數據。

　　由於韓國人愛看電影，也帶動了當地本土片發展。

　　2015 年，韓國國片總片數達到 232 部，韓國人也非常支持本土電影，統計喜歡韓國國片的民眾比率高達 53.4%，比喜歡美國好萊塢電影的 31.8% 還要高。（其中以又以「漫威系列」Marvel 最受歡迎）

　　ALICE 就說，不知道為什麼，韓國人雖然喜歡看國片勝過洋片，但對《鋼鐵人》、《蜘蛛人》等漫威系列商品，就是無法抗拒。

　　電影振興委員會的數據，或許可以為這個問題提出解答。

　　因為 2015 年進戲院看電影民眾中，有 26.2% 特別喜歡看動作片（位居所有電影類型的榜首）。其中，《屍速列車》（釜山行）這種動作片，就獲得所有年齡層的觀影者喜愛。而進入韓國票房前百大影片中，動作片就高達 24 部，這也與漫威系列產品類型不謀而合。

　　語學堂的小金老師也說：「可能是看動作片才能達到紓壓效果吧？」

　　她還認為，韓國人愛看電影，可能和電影票有各種折扣有關，因為一張原本要價近 1 萬韓圜的電影片，在手機、網路、餐飲或各種會員的行銷折扣下，有時只要 7000 韓圜不到（新台幣 200 元），甚至免費。買張電影票的費用，比起其他娛樂來說並不算太貴。

韓國演員會在電影上檔期間，到戲院和粉絲互動。圖為《機密同盟》演員，在首爾新道林 CGV 戲院現場。

另外，小金老師還說，為了讓在韓國的外國人能解決看電影時的語言問題，包括 CGV 和樂天 Cinema，都曾提供「外文字幕服務」，有些是日文，有些是中文或英文，但場次有限。之前小金老師在學外語的時候，就曾經挑這種特殊場次在戲院裡練外語，但現在不知道還提不提供這種服務。

我在想，為了加強自己的韓文能力，下次我也要約小金老師，或年輕貌美的崔老師，一起去看有中文字幕的電影，陪她們練練中文。

嗯，下次啦，等戶長不約我，自己又跑去電影院看玄彬本人的時候⋯⋯。

10

| 電影咖當道 |

男神個個都是
超級發電機

　　成軍 10 年的韓國女團《少女時代》恐將解散，讓全球粉絲哀鴻遍野。雖然這則新聞也在韓國造成轟動，但並沒有打擊娛樂圈，圈內樂見有更多新藝人出道。而且，偶像團體並非韓國人最關心的焦點，孔劉、宋仲基等男演員，幾乎比偶像歌手還紅，地位也大大不同。

在韓國，演藝人員有地位之分。一般來說，電影和電視演員地位最高，再來是電視節目藝人，然後才是個人歌手或男女偶像團體。

「為什麼電影演員最受民眾的尊敬？」我問韓國姐妹花 ABBIE 和 ALICE。

ABBIE 認為，韓國電影演員，一般來說都是出道最早、資歷最深，且經驗最豐富的藝人，接下來才是電視劇或綜藝節目主持人。至於「歌手」部分，多數都是年輕、剛出道藝人，就算「當下爆紅程度」超過資深演員，但依舊是「菜鳥」，且容易「退燒」，在影劇圈地位就比演員還低。

ALICE 也說，很多年輕藝人都是從「歌手」進入影劇圈，然後出演綜藝節目或主持節目後，接著客串演電視連續劇，演技受到肯定後，再成為電影咖。可見，成為電影演員的難度最高，自然受到尊重。

簡單地說，「輩分」是韓國文化最重要的禮儀依據，在影劇圈裡也是。因此，年資較高的演員，地位往往高過歌手，我想，這也和韓國歷史文化中存在「位階」意識有很大的關係。

《RUNNING MAN》是在台灣頗受歡迎的韓國綜藝節目。

這個節目剛推出的前幾集，製作單位原本將主持群設定為「兩大龍頭」帶隊競賽，一位是韓國的主持天王——劉在錫，另一位則是主持群中年紀最長的池石鎮。但由於該節目採競賽方式進行，年紀較長的池石鎮雖然位居要角，但體力表現往往不如預期，即使搞笑功力依舊一流，但製作單位還是必需調整，讓節目的「對抗性」能維持。於是，製作單位慢慢將主持群中另一位滿身肌肉又有節目效果的金鐘國拉出來，取代池石鎮的「隊長」地位。

其實，這個以搞笑為主的綜藝節目，由誰帶隊玩遊戲並不是重

點，而我在幾個後製視頻中卻發現，即使池石鎮逐漸成為配角，但包括劉在錫、金鐘國等主持人，私底下依舊對這位前輩講「敬語」或「讓位」，這和他在節目中「總是被欺負」的待遇完全不同。

老實說，在「注重輩分」的韓國社會裡，資深藝人在圈內地位高於年輕藝人，這絕對是能夠想像的。

但藝人「紅不紅」？似乎就不是這麼回事了。

觀眾重視演技多過外型

「在韓國最紅的藝人是誰？」這個答案很難回答，不同領域、不同時間，都有不同答案。此外，在韓國境內和在海外市場，答案也不同。

2016下半年到 2017 上半年間，我個人認為韓國最紅的電影有《機密同盟》（공조）、《金權性內幕》（더킹），還有《我只是個計程車司機》（택시운전사）。前兩部電影上映時間很接近，四處可見電影海報與宣傳；後者則是在電視上進行轟炸式宣傳。

有趣的是，以《機密同盟》為例，這支電影在台灣上映時，進場看戲的幾乎全是女性觀眾，她們是衝著帥氣的男主角──玄彬而來，業者也以玄彬做為在台宣傳主力。但在韓國卻不是如此，當然，還是有很多玄彬粉進場看電影，但這幾位主角中，最受歡迎的恐怕不是玄彬，而是另一位資深演員柳海真。

ALICE 說：「玄彬是很受歡迎呀！但看電影，當然是要看柳海真的演技！」

由此可見，韓國人進場看《機密同盟》的目的，和台灣影迷似乎不太一樣。而且，他們更重視藝人的演技，而不只是帥氣。（玄彬粉絲別譙我呀！我也覺得玄彬很帥、演得不錯……）

至於宋康昊主演、柳海真擔任配角的《我只是個計程車司機》，

片中沒有像玄彬、趙寅成的帥哥，但依舊在韓國創下超過 1200 萬觀影人數，更可以看出，「韓國人看電影是為了看演技」這個事實。

　　該片在韓國的票房紀錄，已超越由「最年輕的萬人迷大叔」孔劉主演的《屍速列車》。但反觀台灣或其他國際市場，孔劉的魅力可以說是壓倒性地勝利。雖然兩部電影的主題不同，在國際上造成的共鳴也不同，但韓國人看電影內容甚至演員的喜好，也明顯與台灣不同。

　　玄彬、趙寅成、孔劉，是我認為 2015 到 2017 年最火紅的電影演員了。至於電視劇《太陽的後裔》、《雲畫的月光》、《藍色海洋的傳說》、《鬼怪》的演員也是火得不得了。

　　《太陽的後裔》可說是最有趣的案例，不但把宋仲基推向演藝生涯顛峰，與女主角宋慧喬還從「戲中演到戲外」，即使「太陽都下山了一年」，兩人的世紀婚禮還能成為全球媒體焦點。而《鬼怪》的男主角孔劉，一路從電影《屍速列車》紅到《鬼怪》。從《太陽》下檔後，2016 到 2017 年，整個戲劇圈幾乎全是孔劉的天下。

代言人孔劉稱王 雪炫封后

　　根據統計，16 到 17 年間，孔劉總共代言（或續約）了數十項商品：咖啡、戶外運動服飾、網路購物平台、家具、護膚美容品牌、汽車、居家用品、電信、影音家電、信用卡及金融服務、空氣清淨機與淨水器、智能腕錶，當然還有台灣手機品牌 ASUS Zenfone 4。

　　「走到哪裡都看得到孔劉的廣告，看得我都想吐了！」

　　我向 ALICE 抱怨的當下，卻忘了這小妹妹可能也是孔劉的粉絲，趕緊補上一句：「沒辦法，人帥擋不住。」

　　「對嘛！孔劉真的好帥，我上次在新沙看到他本人在拍廣告，長得又帥又會演戲，像這樣的人哪裡找……。」ALICE 開始吹捧起

孔劉的海報四處可見，無論是商場、地下街或電影院。圖為江南地下街裡商家的廣告看版。

自己的偶像。（還好我反應快……。）

雖然韓國人普遍喜歡演員勝過偶像團體，但「美女」依舊是廠商最愛的廣告代言人，這也讓流行音樂的女團，在廣告等商業收入上保有獲利空間。

剛剛說「在街上看到孔劉看到想吐」，其實，也不是全部的廣告代言都被孔劉拿走啦，還是有不少偶像女團或女藝人取得商品代言機會，經由電視廣告大量曝光，或將人形立牌擺在商店門口。

其中，最紅的是韓國女團 AOA 裡的雪炫。

這兩年間，雪炫的廣告代言真不少，從購物網、時裝品牌、手提包、電話品牌、隱形眼鏡、智能手錶、汽水品牌、運動品牌、啤酒、行車記錄器、房屋仲介軟體、即時通訊軟體、炸醬麵品牌、保養品、美甲品牌，甚至連「韓國國會議員選舉投票日」都請雪炫代言。

其實，當年雪炫的代言已超過孔劉，即使資歷不比孔劉，地位也沒有男神那麼高，卻成了市場上最紅的廣告寵兒。

至於來自台灣的周子瑜人氣也不差。

目前是女子團體 TWICE 成員的子瑜，除了團體接下的遊戲、信用卡、皮件、美妝、服飾、電信、甜甜圈、電影院、高爾夫俱樂部、棒球模擬器、免稅店、鞋子、運動飲料、購物網站、韓國觀光大使等廣告外，個人也接過 LG 電信代言，所以在電信商門口，都會看到子瑜的人形立牌。

另外，女團 BLACK PINK、GIRL FRIEND 等，也是業者愛用的代言人。可見，就算韓國民眾再怎麼喜歡資深演員，廠商依舊喜歡找「美女」來為商品宣傳，而菜鳥級的偶像團體，也樂於接下活動，和商品相互拉抬聲勢。

「你說看孔劉看到想吐，那滿街的雪炫，還有子瑜，會不會也

想吐啊？」ALICE 問我。

　　「吐！吐！當然想吐！沒理由不吐！」

　　其實，我心裡想的是：「看到這兩位美女，我心醉到都想吐了！」

11

│飆重機│

機車街爆夯，
歐巴忙著耍帥！

　　不常騎機車的韓國人最近變
了！首爾市區甚至出現了一條「重機
街」，來這裡逛一圈，肯定讓台灣的
重機迷失心瘋。

崔老師是語言學校裡公認年輕、漂亮、身材又好的美女老師（就是我想約去看電影、練中文的那位）。

　　有天她告訴大家，弟弟買了一台重型機車，假日時載著她去郊區騎車，刺激極了！為此，她還去買了全套車裝和裝備，花了她將近一個月薪水……。

　　大家都很好奇，載著單身美女老師的，究竟是弟弟還是新男友？但我想的是，身材這麼好的美女，一身勁裝，肯定吸睛（口水都快流下來了）。

　　那晚，我、戶長，還有韓國朋友朱莉聚餐時，聊到「騎機車」這個話題。

　　戶長問：「韓國那麼冷，騎車不冷死？」（也不知道是不是聽到我在說崔老師，吃醋了……）

　　朱莉則回說：「應該不會吧？而且台灣那麼熱，又常下雨，騎車不是更不方便？」

　　說真的，台灣人夏天騎車懂得防曬、雨天會穿雨衣，人家韓國人騎車，也會做好禦寒工作好嗎？再說，韓國又不是四季都在下雪，人家還有春、夏、秋季，平時又不常下雨，且都市馬路寬敞、鄉間道路風景又好，其實比台灣更適合騎機車呢！

　　根據朱莉的說法，過去韓國不流行騎機車，並不是因為天氣冷，而是從前的機車店不多，進口重機更少。店裡大部分都賣舊款過氣車，主要做為餐飲外送業者的交通工具。

　　不過近幾年，業者開始引進新款機車及重型機車，愈來愈受到年輕人歡迎，特別是流行重機，無論美系或日系重機，都成為韓國男人最愛（不只台客愛耍帥，韓國歐巴也愛呀）！

店員一天可賣 6 台

　　首爾忠武路地鐵站往東大門方向的推溪路（音譯）上，近幾年開了不少摩托車店。去年，我實際走訪到這條機車街兩趟，目測大馬路兩旁開了約 20 家車行，而後方巷內還有不少修車場與改裝場。

　　第一次到這條「機車街」，是某個夏天上班日的中午，車行內外並沒有太多看車顧客，但後方修車場與改裝場的確滿忙碌的。

　　第二次去，則是星期六下午，無論看車人潮，或到周邊商品店買安全帽、車裝的客人就多起來了。

　　當下，我碰到一位會中文的年輕人在看車（不折不扣的帥哥喔）。在三星保險公司上班的他，為了買重機，3 年前就開始存錢。由於韓國重機多是進口車，保險、稅金和周邊商品都不便宜，即使三星集團的薪資不差，但車款依舊存得很辛苦。

　　他還告訴我，由於韓國國產汽車便宜，加上從前機車可選擇性不多，所以民眾都習慣買車，很少有人選擇買機車。但現在車商大量進口重機，「一般機車」（指小綿羊）外觀愈來愈時尚，也讓買機車人口快速上升。

　　「大部分到這裡看車的朋友，都在家裡做好準備了，所以現場顧客，有七成當天就會下單買車，我也是。」帥哥說。

　　一旁的銷售員則表示，自己一天最多可以賣出 6 台機車，而機車街上假日至少有 50 位以上銷售員在賣車，一個假日整條街要賣出百台重機不成問題。即使這名銷售員沒辦法明確地回答我「近年機車族快速成長」的原因，但他還是很臭屁地說，因為客人愈來愈多，自己也愈來愈忙，收入還不錯啦！

　　另外他也知道，台灣馬路上有很多機車，重機也愈來愈流行，而且他聽說台灣師傅的修車技術都很好，且四處都有修車廠，讓首爾的機車族很羨慕。

既然他們提起台灣機車市場，我就順便問了台灣車友最關心的問題：「韓國重機可以上高速公路嗎？」

銷售員回我：「不行！沒有開放！雖然有車友想上高速公路，但太危險了，韓國人開車習慣不是很好，車速又快，就賣車人的立場，都希望客人安全第一，不要上高速公路冒險。」

不只銷售員反對，這位三星的年輕帥哥也說，雖然「享受速度」是自己買車目的之一，但到海邊、鄉間、郊區，也一樣能騎快，沒必要到高速公路去拚命。而且高速公路風景又不好，騎起來壓力大，根本不能達到騎車紓壓的目的。

雖然「耍帥」、「享受速度」還是韓國年輕人買機車的主因，和台灣人以機車代步的購買動機不同，但這種狀況，可能會因為新車不斷輸入、年輕人對兩輪的接受度提高，在未來幾年後，市場將有改變。

新車不斷進口 停車格呢？

如果首爾的機車愈來愈多，那會是好事還是壞事呢？

一間在機車街巷內的咖啡店老闆就說：「我生意是會變好啦！但對首爾來說，也有可能是場災難。」

由於車行與修車廠的集市效益，不少車友都會到此聚會，因此這咖啡店可是受益者之一。但機車停車問題，以及部分機車族不守交通規則，都讓許多市民感到頭痛。

此外，首爾過去機車少，交通建設沒有考量機車問題。例如，路邊不能停車、巷內停車格少，更沒有機車停車格，導致這裡的機車「亂岔」，如果機車族持續成長，停車問題早晚成為交通一大「麻煩」。

首爾地形高高低低，走起路來特別累人，不少在此的台灣留學

生，都希望買台機車代步，卻因為駕照與保險問題無法如願。由此可見，首爾人一但知道機車的「好用」，購買需求就可能提高，屆時，機車市場將可能就此大開。

事實上，目前已有台灣機車品牌業者進軍韓國市場，雖然我不確定他們採何種方式經營（代理或直營），但一定也是相中未來的市場潛力。

此外，韓國的機車維修人才需求也將持續增加，搞不好，到時韓國還得輸入台灣技師來幫他們解決修車問題呢！

12

| 潮爆美妝業 |

韓國人人都整形？
並沒有！

「韓國人人都愛整形？」這說法
我覺得是超過了點，不是事實。但韓
國女性的確不排斥整形這件事，對美
妝的需求也的確很高，「美的產業」
真的非常蓬勃。

台灣朋友知道我在韓國 LONG STAY，常問我一個怪問題：「韓國人真的都去整形嗎？」

　　這……，該怎麼說呢？

　　如果美國人問我們：「台灣人人都愛炒地皮嗎？」你會怎麼回答？

　　唉，炒一盤 20 元的豆干我可以啦！炒地皮？你以為人人都很有錢喔？

　　言歸正傳，我們來談談韓國的整形。

　　在首爾江南新沙地鐵站出口，有棟整形診所，每次我經過大樓門口，都會看到人行道旁的私人停車位上，停著一台勞斯萊斯，有時會換成一台大紅色的法拉利超跑。

　　朱莉告訴我，據說這兩台車都是整形診所院長的，他把車停在門口不是為了炫富，而是要告訴韓國人，整形後會一路順遂，有機會賺到大把鈔票買名車。

　　講實話，這道理對台灣人似乎「狗屁不通」，甚至是「以貌取人」的負面教材。但在韓國現實社會中，有些人的價值觀就是如此，擁有較好的外貌，將讓人生更為順利，也因此，不少年輕人完全不排斥「整形」這檔事。

　　但「韓國人人都去整形嗎」這個問題，就幾乎是廢話了。

　　在韓國，就算再怎麼在意外表，也不可能「人人」都去整形，畢竟整形「要錢、要時間」呀！這種現象其實就和台灣人炒地皮一樣。前幾年，「投資房地產」成為台灣人致富管道，也真的有群人因此累積財富。但炒地皮要資金、要時間，說「台灣人人都在炒地皮」，就好像我們認為「韓國人人都整形」一樣，絕非事實。

江南路上移動的木乃伊

雖然不是「人人都整形」，但若說整形人數比例相較其他國家高，或韓國人對整形的接受度比台灣人高，那我就沒太多意見了。

還記得妹妹 ALICE 買了那頂新帽子，被嫌臉大，說要存錢去削骨的事嗎？

說真的，我不相信還是學生身分的她，有經濟能力去動削骨手術。但 5 年後，她出了社會存到錢之後呢？那可就不一定了！

朱莉，她就大方承認，自己「動過刀」！

約在 6 年前，朱莉就曾「開過眼頭」，讓自己的眼睛更深邃好看（其實我覺得效果沒有很明顯）。之後還透過微整形，來調整自己的下巴與臉龐線條。

「不是每個韓國人都像我一樣會去整形啦，而且我也只能接受這種簡單的手術，更大的整形我可不敢，而且太貴了！」

朱莉說，韓國人對整形的接受度，多數都僅止於開眼頭、美白皮膚或微整形，並不像外國人認為的韓國人的臉都有動刀。事實上，真正在韓國動大手術的客人，有很高比例是外國客，而且還在提高中。

其中，也有不少台灣遊客到韓國做簡單的微整形手術。

新沙站附近的清潭洞、狎鷗亭，的確存在密度很高的整形診所。走在街上，也常會發現，戴上大帽子、墨鏡、口罩、穿上長袖衣物，「全身包得密不透風」的女性（也有男生耶），從整形診所裡走出來。說真的，我很難從外觀去判斷，這些「木乃伊」究竟是韓國人？還是外國人？唯一能確定的是，每個人對整形後的成果，肯定都抱持著很大的期待！

由於 20 歲以上的韓國女性，對「美」這件事可說是「人人皆在意」。或許受到財力、時間或膽量影響，韓國女性並沒有「人人

都整形」，但「化妝」就顯得更重要了！

　　近幾年來，無論大陸、台灣甚至日本年輕女性，都很喜歡到韓國旅遊，特別是熱鬧的首爾，而「美妝店」更是她們必逛、必血拼的重點。

　　或許你不相信，在首爾街頭，我可以不用聽到女性路人使用的語言，光從臉上的妝或身上穿的衣服，就能很快地辨識這些年輕女性的國籍。

　　臉上塗得白白地、畫上鮮紅口紅，踩著高跟鞋穿著流行服飾的，大部分是韓國女性；臉上淡妝、不太誇張的口紅，加上比較個性化的穿著或飾品，那是日本女性。

　　臉上幾乎不畫妝，口紅也不太上，牛仔褲、平底鞋，那是正統台灣妹。最後，和台灣人很像，卻拎著名牌包四處走，八九不離十是大陸同胞……。

　　這個觀察精準度或許不是百分百，但可以確定的是，無論日、韓或兩岸年輕女性，都喜歡往首爾街頭的美妝品店裡鑽。

明洞美妝店　讓女人腦波變弱

　　韓國美妝產業非常發達，除了自有品牌與自製商品外，四處可見的美妝門市也是一大特色。台灣和大陸遊客，就特別喜歡到明洞去挖寶。明洞幾乎是全韓國美妝品牌最齊全的商圈，由於競爭激烈，商家會常態性地祭出優惠方案，最令台妹失心瘋的就是這裡的贈品攻勢。

　　由於各國觀光客都知道，想買美妝品，到明洞就對了！所以，這裡的服務員可練就了一身本事，除了要有絕佳的銷售手法外，還得懂各國語言。

TONYMO

TONYMOLY 10周年纪念

POKÉMON
TONYMOLY
购买10,000韩元以上
精灵宝可梦
鼠标垫
赠送

GLOBAL
TAX
FREE

Tax refund

포·켓·몬 넌 내꺼야!

SKIN CARE   SKIN CARE   BB CREAM   MASK PACK

원더시리즈
9900

클렌징티슈
프로클린 1

1+1

포·켓·몬 넌 내꺼야!

SA

TONYMOLY

前面提到，我不用聽語言就能分辨女性路人的國籍，但這些店員更厲害了，不但能一秒認出國籍，還能用流利的中、日或英文拉客，甚至連男生是哪國人都認得出來。我就被認出很多次，店員主動用中文向我推銷商品，讓我懷疑，是台灣男人普遍比韓國男人胖嗎？

有次戶長到明洞幫弟妹買三組「不知道是什麼的鬼東西」（反正是美妝品啦），結果店員說買五送二，於是腦波微弱的戶長就加買了二組（也不知道是不是藉口）。

接著，店員又說服她「買幾萬又送什麼鬼東西」，然後，她又順手買了另外二組「不知道是什麼的鬼東西」。結帳前，店員又在戶長手上塗塗抹抹的，接著，這鬼東西又放入購物籃了……。

唉，女人進了美妝店腦波會自動變弱，特別是在韓國，這應該不算是新聞了。

只是結帳時，真的是苦了我，原本買的鬼東西已經夠多了，沒想到，店員又塞了一堆大大小小的試用包當贈品，還現場教戶長如何使用……。花錢買的鬼東西已經夠重了，沒想到，店員送的試用包更重，然後又塞了一堆折價券和 DM。

「這些 DM 可不可以丟了？」我問戶長。

「不行！我可要回家好好研究，下次該買些什麼？什麼時候有折扣？回台灣之前來買，還可以退稅耶，真是太棒了……。」

是啊！在韓國開美妝店真是太棒了，不用高科技的腦波控制儀器，就挑起女性們的購物慾望，錢真是好賺！

不過有件事，我一直瞞著戶長。

ABBIE 告訴我，雖然明洞美妝店贈品多，但有時連鎖品牌在各家門市都有不同促銷價，明洞地區只是品牌齊全，相同的美妝品，不一定價格最便宜。而某些韓文美妝網站上，會幫讀者整理出最優惠門市等資訊。

「你得告訴 ERICA 呀（戶長），這可以省下不少錢呢！」
ABBIE 說。

　　我想，還是別說比較好，畢竟戶長韓文愈來愈好，萬一常去美
妝店，和店員成了好朋友，那還得了？業者促銷做愈大，她就買愈
多，我就得提愈重，那就慘了！

13

| 地下街挖寶 |

CP值高，
讓你買到失心瘋！

　　很多遊客到韓國旅遊，重點都擺在「買衣服」，特別是到著名的東大門市場血拼。其實，現在首爾人心中的購衣天堂並不是東大門，而是各處的地下街。

所謂的「地下街」，顧名思義就是在「地下的商店街」。首爾各個地下街和台北一樣，都和地下的地鐵站相連結，只是地下街數量很多，規模也比台灣大。在這裡逛街，交通便利，而且夏天有冷氣、冬天有暖氣、雨天不用撐傘，加上商店集中，不用出站就能「一站買足」衣服、包包、鞋子，甚至生活用品，因此很受韓國人喜歡。

姐妹花 ABBIE 和 ALICE 就常到地下街買衣服、打發時間，妹妹 ALICE 的那幾頂帽子，就是來自地下街的戰利品。

ABBIE 說，首爾人買衣服的地方，除了散落在各地的小服飾店、少數 OUTLET 和網路外，還有 5 個主要選擇。

第一是價格最高，品質也相對好的百貨公司，或是清潭洞、狎鷗亭的精品店，通常這裡都是富人的最愛。

第二是新沙、江南的設計品牌服飾店。這類服飾店大多賣高度流行的年輕設計款，價格雖然沒有百貨精品店貴，但也不算平價。

第三是學區或年輕人聚集地的服飾街，例如弘大、梨大商圈（就是崔順實女兒讀的女子大學）。這裡商品走年輕款，偶爾會挖到寶，韓國人通常都是在附近和朋友聚餐後，順便來這裡逛街。

第四類是東大門等批發中心，但這裡有些店家不接散客，加上外國觀光客集中，且批發商半夜才營業，所以除了區內的百貨型商場外，首爾人其實很少去東大門採購。

最後就是現在要介紹的地下街類型。以首爾為例，消費者比較常到高巴地下街、江南地下街、永登浦地下街，另外還有一個外國遊客相對較少，但規模卻是全韓國最大的富平地下街。

高巴地下街 一件台幣 200 元有找

位於首爾地鐵 3、7、9 號線交會處的「高速巴士客運站地下街」，被稱呼為「Goto Mall」，台灣留學生則簡稱它為「高巴地

下街」。這裡其實已經是熱愛韓國自由行的台灣女遊客必到的購物天堂。

該地下街呈現「目」字形，兩邊主走道大約有 900 公尺，中間則有多條連結道，超過 600 間的商家，大部分以女裝或襪帽配件主，但也有生活雜貨和鮮花區，頗受首爾當地女性喜歡。換季促銷時，高巴地下街會出現 5000 韓圜的女裝促銷價（新台幣 140 元），即使非促銷季，多數衣服也只賣 1 萬韓圜左右（新台幣 280 元），另外還有許多中低價的配件，並附有餐飲休息區。基本上，高巴地下街的商品價格都很便宜，有時和東大門等批發市場的衣服相差不遠。

距離 Goto Mall 只有 2 站遠（需轉車）的「江南地下街」，消費者集中在 20 至 30 歲年輕族群。這裡不只賣服飾，流行性鞋款、帽子或太陽眼鏡也很多，商品售價比 Goto Mall 貴一滴滴，但也屬中低價商品。

至於「永登浦地下街」，商品形態就更多元化了。

由於永登浦是首爾早期交通轉運處，屬較早開發的地下街，從 10 歲到 80 歲都能在這裡找到服飾。但因為商品年齡層不夠鎖定，年輕遊客會覺得「不好逛」，反而是附近的時代廣場、新世界百貨比較受歡迎。

最後我認為最有看頭的是「富平地下街」。

呈現放射狀的富平地下街，是韓國空間最大、店家數量也最多的地下街，裡面有超過 1400 間大小店家，總長度有 1800 公尺（是，將近 2 公里，可以逛到鐵腿），而且服飾、配件都有，也有比其他地下街有更多的男裝店、童裝店，甚至是睡衣專賣店。

這個地下街的商品價格，和 Goto Mall 差不多，同樣以年輕化為主，較多的鞋店、包店常讓消費者買到失心瘋，如果再搭上富平站樂天百貨、地上商圈，來這裡逛逛，幾乎可以耗掉一整天的時間。

不過，我也發現富平地街有兩個缺點。

首先，台灣遊客大部分都住在明洞區或弘大區，如果從明洞到富平，搭地鐵總共得花 50 分鐘（超過 20 站），而且還要轉車，對時間寶貴的遊客來說，實在有點「浪費」。再來，這個商場真的太大，再加商場呈現放射狀規畫，消費者一不小心就可能迷路，也是另一個困擾。

其實，首爾還有蠶室、仁川新浦地下街；釜山有西面、南浦洞地下街；大邱也有大賢地下街，各自都有特色與擁護者，但也有不少遊客在地下街踩到地雷。

小心踩到地雷

由於地下街的商品大部分都是中低價位，遊客又愛殺價，因此店家幾乎都不提供刷卡服務，只收現金，難免帶給遊客不便。也因為不能刷卡，又不提供收據，加上同一款式的衣服，可能在許多商店裡都有販售，即使是同一家商店，不同時間的售價又不一樣，因此，店家通常不讓客人退換貨，也常爆發消費糾紛。

曾經有台灣遊客發現，有不肖店家「有意無意地」將打包好的衣服再調包，加上遊客的語言不通，因此發生不愉快的消費經驗。所以在地下街購物，一定要再三確認打包的商品是不是你要的？有沒有瑕疵？否則，走出門市，店家可會不認帳的。

不過，這種購物時不用怕日曬雨淋、商品選擇多元化、價格低廉 CP 值高，交通又便宜的地下街，還是成功吸引韓國人與外國遊客到此購物。

喜歡到韓國添購新衣的妳，還是習慣往東大門跑嗎？別老土了！下次來韓國，記得到地下街尋寶吧！

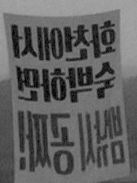

14

｜觀光冰釣樂｜

韓國人幫作弊，
保證不摃龜！

　　台灣人認為韓國人「愛作弊」，
但韓國政府與民間單位卻靠「美麗的
作弊」來討好外國遊客，例如「冰上
釣魚」，靈活的行銷與刺激外國客的
手法，都活絡了當地觀光產業，也創
造遊客與業者的雙贏！

到韓國滑雪，是很多台灣遊客冬天出國的選擇。冬季的韓國還有一項有趣的活動——冰釣。

　　過去台灣人都是從日本電視節目中得知「冰釣」這項休閒活動。事實上，這項娛樂在韓國也有，同樣好玩，韓國業者甚至「幫外國人作弊」，讓冰釣成為外國旅客心中最夯的觀光行程之一。

　　之前就聽台灣朋友說，想到韓國體驗「冰上釣魚」的樂趣，但他們到了當地後，卻因為冰層不夠厚等安全考量，場地延後二周才開放，因此敗興而歸。

　　2017 年元月，戶長查詢了網路資訊，確定當地冰釣場已經開放，於是我們就到著名的韓國華川體驗「冰上釣魚」。

　　果然好玩，而且魚獲滿滿，讓我還想再多去幾次！不過，這可不是我的釣技超群，而是韓國主辦單位「偷幫我作弊」的結果！

　　「華川冰釣季」一年只開放一次。

　　「華川」距離首爾車程約 2 小時，當地最有名的就是冰釣。我們參加的是一日旅行團，天沒亮就從首爾搭車出發。原以為，這裡的冰釣就像電視節目裡一樣，穿著厚重大衣，在人煙稀少的結冰湖面上挖個洞，然後把魚餌丟進洞裡，頂著零下好幾度的冷風，站在冰上等像手指頭大的魚上勾。

　　但現場一看，並非如此呀！

　　首先，華川冰釣祭被當地政府規畫為重要活動，所以從場地整理、活動安排、周邊設施都很人工化，停車場、餐廳、洗手間通通都有，雖然少了「在鳥不生蛋的冰湖上釣魚」的樂趣，卻換來很大的方便與趣味。

　　此外，主辦單位還在現場舉辦各種活動，例如「短褲赤手抓魚」大賽、熱騰騰的足浴湯、LED 燈光大道、冰雕廣場、滑雪與滑冰道、各式雪橇、冰上足球、冰上曲棍球等活動，甚至有烤魚及生魚片餐飲，吸引大批外國客前往。

至於現場的主角「冰釣場」就更鮮了！

　　主辦單位特別把冰釣場分為「外國人」與「本國人」冰釣區，還想盡辦法幫外國人「作弊」。

　　根據現場工作人員說，他們曾針對外國遊客進行調查，外國人對冰釣活動最不滿意的，除了「天氣太冷」外，「釣不到魚」更是主因。

　　「天氣太冷」是老天爺的安排（更何況不夠冷的天氣，冰結不起來，也沒得玩），但針對「釣不到魚」這個問題，就可以人為解決了，方法就是「作弊」。

賽馬冠軍包廂 讓你嘗甜頭

　　就我觀察，「外國人冰釣區」位於華川流經的河灣上，主辦單位採半人工方式開發這塊灣區，讓灣區有點像是座人工水池，再把華川內養殖或捉來的大型魚，放流到池內。

　　其實，想在華川野溪上釣到野生魚，並不容易，就算釣得到，數量也很少、需要花的時間又久，加上魚的體型不大，很難吸引觀光客。但如果在半人工專區內放流一些體型大的魚，讓觀光客能很輕鬆地中魚，那就有趣也方便多了。結果主辦單位這麼一幹，果然吸引滿滿的外國遊客。

　　此外，主辦單位還安排了許多精通外語的工作人員，隨時指導外國客人怎麼釣魚，甚至幫忙解勾子和抓魚，避免大家滿手魚腥味。這就是韓國人讓外國遊客愛上冰釣的「作弊」方法，概念有點像是帶著遊客去海釣，雖然船是在海上，但下竿的地方卻是在海上箱網。這麼一來，大家不用怕「摃龜」，就連小朋友都能釣得到大魚，而外國遊客根本沒人在乎「魚是放流」的，大家玩得不亦樂乎，成功吸引大批各國遊客。

華川冰釣季可說是韓國人「光明正大」地幫外國遊客作弊，讓「外國人開心釣魚、韓國人爽賺鈔票」。但在賭馬場上，韓國人當然「不可能幫忙作弊」，於是他們採「服務升級」的方式，討好來自全球各地的賭客。

　　在韓國，賭博是半開放的，大部分賭場只允許外國人進出，只有特定的賭場（강원랜드江原世界）開放韓國人進入。

　　但賽馬就不一樣了。只要超過法定年齡，韓國人人都可以到賽馬場碰碰運氣，讓每座賽馬場生意爆棚。這幾年業者更向外國遊客招手，希望能多賺點美金。

　　我曾經和 STEVE 到首爾賽馬公園小賭一番，這座空氣相當好的賽馬場，雖然遠離市區，但因為地鐵「賽馬公園站」就在馬場出口，交通非常便利。

　　這裡平日免費開放，公園裡有很多遊樂設施，四季也會舉辦各種演出和慶典，還有兒童騎馬、餵馬等活動，是小朋友的天然遊樂園。不過，賽馬日不允許小朋友進賽馬大樓，而且還會向民眾收取2000 韓圜（60 元新台幣）門票費。

　　我們在賽馬公園裡碰到一位會講中文的大叔（可能是朝鮮族），也和他請教了如何買現金券、如何下注、如何兌換彩金等規矩。（不過，我真的想太多了，根本不用學會如何兌換彩金……因為，沒中半匹馬，哈！）

　　這大叔還問我們：「帶了多少錢來玩（賭）？」

　　我們很不好意思地回：「一份韓牛的價錢吧？」

　　大叔笑了笑說：「如果錢帶得夠，想在這裡待久一點，還可以去 VIP 室喔！」

　　原來，賽馬公園為了吸引外國賭客，特別設置「冠軍包廂（Champions Suite）專用 VIP 室」，甚至為了討好大陸客人，特別

贈送給持有大陸護照的客人「1萬韓圜下注優待券」，並與中文平面媒體合作，提供各種優惠券。

據說，在這種高端的「冠軍包廂」視野奇佳，不但可以俯瞰賽馬場全景，還能將江南的天際線盡收眼底。現場服務人員當然也是精心挑過的，中英文都溜，包廂內還有專用投注窗口，不必到大廳和韓國人排隊下注。

根據賽馬公園的介紹，這種冠軍包廂只允許外國人進入，共有三種座位：桌子區、團體區和沙發區，雖然收費要1萬到2萬韓圜不等（285到570元新台幣），但不限時間，而且還提供免費的飲料零食與禮品折扣券。

大叔說，賽馬公園的冠軍包廂，的確是吸引外賓的妙招，只是座位不多，往往一位難求。

好啦！反正我和STEVE現金帶得也不多，兩場比賽可能就輸光了，冠軍包廂還是等鈔票準備夠多時再去吧！

打造觀光四大招

韓國人吸引外國觀光客的步數還很多。例如景福宮的夜間燈光秀，就看得出他們的用心，政府為了吸引外國客，讓更多外國人願意買票進場看表演，就設計了非常特殊的規定。

據了解，韓國人如果想進場看燈光必需上網登記，搶購數量有限的本地人入場券。但外國人就有優惠了，只要在現場出示護照，就能用很便宜的價格（新台幣85元）進場看秀。

此外，無論當地或外國人，只要穿著傳統韓服就能免費進場，讓景福宮內外四處都是穿著韓服的遊客，外國人來看燈光秀，彷彿時光交錯，創造出一種神奇而有趣的氛圍。

韓國人簡單的包裝，都讓外國遊客對韓國旅行印象更深刻、對

韓國形象大加分，也讓業者發筆小財，真是厲害！

　　不過，觀察過韓國各觀光區所設計的活動，我發現，他們非常依賴四大元素來包裝觀光，分別是：燈光秀、雨傘秀、壁畫和河川整治。

　　不只景福宮有燈光秀，首爾的漢江大橋、水原華城等景點，到了夜間都很喜歡利用燈光裝置來吸引觀光客。此外，他們還很喜歡在各景點的街道或廣場上，掛滿排列整齊又壯觀的雨傘陣，創造浪漫的氛圍，讓情侶在傘下散步。

　　此外，韓國的幾個大城市裡，都有「壁畫村」，創造觀光客拍照、卡打的樂趣。

　　至於河川整治，則是從首爾著名的「清溪川」開始做起，各地政府都將流經市區的河川進行整治，並在河道上建設小公園，供市民與遊客利用……。

　　韓國政府打造觀光的四大招，看起來似乎沒什麼難度，但卻懂得從細節與需求做起，進而結合當地特色文化，讓到這裡的外國遊客，玩得相當盡興。

　　你不得不佩服韓國人包裝景點的實力，雖然，在韓國生活的這段時間，我已看了太多雨傘、太多壁畫、太多燈光秀和河川，有點無感了……。

15

| 追台劇 |

他居然是韓國人
正義使者的化身？

　　台灣年輕人哈韓流，其實韓國也
很「瘋台灣」，不只來台觀光人數增
加，台灣影劇產品同樣深受韓國人喜
歡，這最早要從台灣連續劇《包青
天》講起。

「在韓國最有名的台灣人，應該是那個臉黑黑的大官吧？」
JENNY 說。

「臉黑黑的？是沒洗乾淨嗎？」我笑了。

「不是啦！是古時候那個大官啊！威武～」。

JENNY 一時想不起「包青天」這個名字，但一聲「威武」可以百分百證明，她真的看過咱們的古裝連續劇──包青天。

「對！對！對！就是包青天！25 歲以上的韓國人，就算沒看過，也一定知道這個台灣連續劇。女生還特別喜歡身穿紅衣的展昭（何家勁飾），真的超帥。」一提到台灣帥哥，JENNY 就很興奮。

她說，約在 20 多年前的中秋節（標準是 25 年前），韓國電視台試播了台灣戲劇《包青天》，因為受到熱烈回響，電視台當年底就正式開播這部台灣連續劇。結果，《包青天》在韓國一播就是 3 年，不但成為韓國少見的「外國電視劇」（韓國人很少看日劇），收視率數更攻占排行榜冠軍，時間長達將近 3 個月。

後來因為《包青天》實在太受歡迎（我看是因為展昭吧……），電視台還特別邀請劇組人員赴韓開粉絲見面會，她還記得曾有韓國的議員參選人，打扮成包青天競選，誓言打擊社會上的不公不義（也不知道有沒有當選……）。

我沒有目睹《包青天》在韓國播出時的盛況，但 2017 年初，我親眼證實了這個黑面包公在韓國的高知名度，以及這個人物烙印在韓國人心中的正義形象。

當時，韓國前總統朴槿惠面臨總統彈劾案，支持她的民眾聚集在憲法裁判所門口示威，要求法官不能受到外界影響，必需要「公正審判」。

那天我搭地鐵就碰到抗議群眾，他們手上拿著各種標語。其中有一面告示版，上頭就印著金超群的照片（對不起，是金先生演的

包青天劇照），下頭寫著「滿腔一致，駁回彈劾」，可見包青天真的是韓國「正義使者」的化身。

除了《包青天》外，早期台灣連續劇進軍韓國的還有《太空戰士》。

這裡指的不是日本的電玩卡通喔，而是民國 73 年，台灣自製的影集《太空戰士》（韓國名為태공전사）。雖然這部戲劇當時被台灣民眾評批是「抄襲自日本」，但仍成功地將版權賣到韓國，韓國電視台還為其製作韓文版主題曲。

只可惜，這部影集雖受小朋友歡迎，但無論主題、角色和內容，實在太「日本化」了，很多韓國人都不知道這是台灣影集，以為是MADE IN JAPAN。

周董魅力無法擋

《包青天》之後，台灣戲劇也曾陸陸續續進軍韓國，但受歡迎度都不高，加上韓國人開始流行香港電影，有無敵小馬哥的《英雄本色》、被韓國男人視為「美若天仙」的聶小倩（電影《倩女幽魂》）等，台製產品幾乎沒有太多空間，直到周杰倫的電影《不能說的祕密》，又讓韓國掀起台灣熱。

「韓國人喜歡有才氣的藝人，像周杰倫就是！」

JENNY 說，《不能說的祕密》是這十年來最被韓國熟知的台灣電影之一。周董在電影的表現，讓韓國人對他產生好奇，於是開始聽他的音樂與作品，如今，韓國年輕人幾乎都認識這位台灣巨星。

據說，2008 年《不能說的祕密》在韓國首映，受到電影製作公司兼發行商施壓，沒有戲院願意播放這部台灣電影，最後只好在藝術電影專用廳院上映，卻意外受到韓國人喜愛。之後，包括電影

原聲帶熱賣、周董在電影中「鬥琴」的橋段，大量地出現在韓國綜藝節目，甚至被音樂補習班拿來作廣告梗。周董的音樂也被許多學琴年輕人拿來當教材，包括金泰希、張根碩等韓星，都曾表明想和周董合作。

於是，這支被韓國人喻為「最想進劇院重溫的電影」，在 7 年後以數位修復版在韓國重新上映，10 天內就突破 4 萬觀影人次，魅力依舊。

如今，來台觀光的韓國人只要到淡水，都指名要到電影裡的場景──淡江中學一遊，可見韓國人對這支電影的瘋狂。但你覺得周董的魅力，就是台灣電影在韓國市場的顛峰了嗎？當然不是。

徐太宇是國民初戀

2015 年，台灣電影《我的少女時代》票房爆表，這個被網友稱為「老土到喪心病狂，感動到一塌糊塗」的電影，同樣也在韓國受到歡迎，甚至超越周董的《不能說的祕密》。

《我的少女時代》在韓國上映不到 2 星期，就打破了《不能說的祕密》總觀影人數 15 萬人次紀錄，一路衝向 40 萬大關，創下華語片在韓國最高票房。

這個數字可不容易，因為韓國人支持韓片比例超過 50%，台灣電影要面臨韓片與好萊塢大戲夾殺，40 萬觀影人次是全新紀錄，包括之前《那些年我們一起追的女孩》雖然也在韓國受關注，但票房依舊比不上《我的少女時代》。然而，韓國觀眾卻在這部電影裡「找到他們的青春」（看起來台韓的青春時光也很類似呀），雖然比起當紅的韓片票房上還有落差，但「徐太宇」卻成了他們的國民初戀，迷倒一群韓國妹。

隨著王大陸到韓國舉辦粉絲見面會，現場超過 500 粉絲接機，

證明了《我的少女時代》熱度不減，就連王大陸上傳韓星朴信惠的照片，直說這是自己的初戀，都引起粉絲瘋狂討論。

除了電影和演員受到歡迎，電影原聲帶也在韓國紅翻了，《小幸運》這首歌幾乎成了韓國人心中的台灣國歌。有韓國網友把這首歌翻唱成韓文版，在網路上獻唱，更有許多韓星們將這首歌視為來台宣傳必唱歌曲。

其中，韓星宋仲基、韓團少女時代的潤兒，登台時都紛紛演唱了苦練多時的《小幸運》；朴寶劍則換了新噱頭，在台灣見面會上溫柔地以鋼琴演奏這首歌，並和全場粉絲合唱；男團 VIXX 成員 KEN 也曾在記者會上秀了一小段。

除了韓國藝人「追唱」台灣電影主題曲，台星陳柏霖出演韓國綜藝節目也深受當地人喜愛。只要跟韓國人講「台灣的霖霖」，幾乎是無人不知無人不曉，這都說明了優質台製電影、音樂或藝人，在韓國其實也能吃得開。

相信只要台灣影劇圈持續生產出好產品，未來還是有機會在韓國發光發熱，甚至再掀起更多「台灣熱」，不讓 KPOP 專美於前。

台灣鹹蛋糕和手搖飲料店大舉在韓國開店，讓韓國吹台灣風。

16

| 夯台灣味 |

小吃零食
大受歡迎！

　　台灣豐富多元的小吃，深受全球
觀光客肯定，近年來，業者也開始進
軍韓國，有些已成功深入韓國人生
活，也有些曇花一現，消失在競爭激
烈的市場。

2002 年，韓國「電玩王子」姜秉乾來台參加電玩比賽，雖然贏了咱們的「電玩小子」曾政承，讓台灣媒體們不太開心，但有件事卻讓我印象深刻。

姜秉乾到台灣的第一天，主辦單位招待他到台北某飯店用餐，吃的是港式小點，我和另外兩位記者當陪客。雖然我覺得這家飯店的港點不怎麼道地，但口味經過在地化調整，也算「挺好吃」的。沒想到，這位電玩王子只吃了兩口，就放下筷子，還碎唸了幾句話。

「怎麼了？不合口味嗎？」當時還聽不懂韓文的我，急著問隨行翻譯小姐。

「嗯，他希望飯店給他一盤辣椒醬。」

看來，這家台式飯店的廚房，是沒有準備韓式辣椒醬的，因為最後只送上一盤生辣椒。電玩王子也算隨和，配著生辣椒，就嗑完了那一餐。

之前寫到，早期韓國人受保護主義影響，不怎麼接受外來飲食，從姜秉乾美食當前，卻還是習慣家鄉辣椒醬的例子，就能看得出來影響之大。

不過，這幾年變化可大了，韓國人不只樂於嘗試各國美食，對台灣小吃與零食，更是愛不釋手。

台式鹹蛋糕掀排隊潮

如果你問，最近在韓國引爆大流行的台灣小吃是什麼？答案有九成是：「你們台灣的蛋糕呀！」

「蛋糕」？有沒有搞錯？蛋糕不是洋人的東西嗎？怎麼成了台灣美食了？

原來，韓國人口中的台灣蛋糕，指的是「淡水鹹蛋糕」。

有人說「鹹蛋糕」這個小吃，不是源自淡水，而是台中梧棲，

網路上也有各種不同說法。但可以確定的是，韓國人第一次接觸鹹蛋糕，就是在淡水老街上。

我在上一篇曾提到，韓國人因為周杰倫的電影《不能說的祕密》，來台旅遊時很喜歡到淡江中學逛逛，當然，淡水老街也成了順道一遊的景點。而淡水老街上那香氣四溢的現烤鹹蛋糕，也刺激了韓國遊客的唾液腺，加上韓國沒有類似小吃，經品嘗後，立馬驚豔韓國饕客，口耳相傳下，來台旅遊的韓國客都知道，來淡水就一定要吃塊台式鹹蛋糕。韓國業者腦筋動得很快，在得知遊客普遍喜歡這款小吃後，馬上就引進韓國。

2016 年，我在首爾弘大商圈看到第一家「大王鹹蛋糕」開幕，上頭還標明了來自台灣的美食。

當時排隊人潮真的很驚人！而一塊原味蛋糕，售價要 6000 韓圜（約新台幣 170 元），最受歡迎的起司口味則賣 7000 韓圜（新台幣 200 元），而且至少要排一個小時才能買到，這對「個性急」又不喜歡排隊的韓國人來說十分反常。

之後，業者大量展店，無論是熱區街邊，或百貨公司地下美食街，都開起了台式鹹蛋糕店，同樣是擠滿排隊人潮，瞬間，首爾成了台式鹹蛋糕的天下。

這個台灣小吃在韓國知名度大增後，韓國業者開放大量加盟，據說，韓國加盟總部曾在說明會上，祭出「現場加盟簽約金減半」等優惠來吸引加盟主，而加盟主眼見直營店生意爆紅，也一窩蜂捧著現金想開店，整個韓國掛上「鹹蛋糕」招牌的店上看 600 家，更掀起「哈台灣小吃」的流行。

這股「瘋狂吃鹹蛋糕」的流行持續不到一年，卻爆發食安問題。根據韓國當地電視節目報導，韓國業者製作蛋糕的食材，疑似摻有化學原料，有害人體健康。節目播出後，健康蛋糕瞬間成了黑心蛋糕，排隊人潮立馬散去，業者的營收遽降 90%，首發品牌大分店

幾乎消失，就連後發品牌也面臨倒閉危機。即使之後證實韓方賣的鹹蛋糕對健康沒有疑慮，卻救不回流失的人潮。

有人說鹹蛋糕在韓國只是一陣「蛋塔效應」，但台灣小吃的確也被證實能受韓國人歡迎。

其實，在首爾還是可以見到一些「台灣美食」的招牌，甚至還有台灣廚師去開魯肉飯餐廳，以「台灣夜市」、「小台灣」為名的餐館也不在少數。

但說起最深入韓國人生活的台式小吃，應該是「珍珠奶茶」無誤了。

國內有不少媒體報導過「台灣珍珠奶茶在韓國的近況」等相關題目。其中，經營規模最大的「貢茶」在韓國已是領導品牌，甚至還因為在韓國熱賣，讓韓國團隊透過引進私募基金，反過來併購台灣原品牌商股權。

貢茶帶路 台式糖果餅乾夯

為人麼「貢茶」會在韓國吃得開？能掀起韓國人的「哈台風」？我覺得主要原因除了口味特殊外，「客製化」的服務是另一項台灣餐飲業進軍韓國的優勢。

其實，韓國早期也流行過台灣茶飲，無論是進軍超市、大賣場的「三點一刻」包裝奶茶，或便利商店裡的「純粹」系列，都是韓國年輕人喜歡的品牌，但現做的珍珠奶茶對韓國人來說卻更有魅力。無論是「半糖、半冰」，或「微糖、去冰」，這種在台灣再普遍不過的客製化服務，在韓國飲料界卻是創舉，而且還大受歡迎。

韓國貢茶創辦人金汝貞，2012 年在新加坡首度接觸貢茶後，認為這種可以自由調整糖度與冰塊的服務，肯定受到韓國歡迎，於

고른다 / 티백 대신 황실에 바치던 잎차만
우린다 / 눈대중 대신 차마다 다른 황금률로
더한다 / 익숙함 대신 다양한 새로운 맛을

공들여
맛있는 차
공차

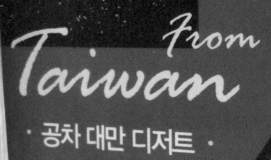

鳳梨酥
PINEAPPLE CAKE
CHOCOLATE FLAVOR

From
Taiwan

공차 대만 디저트

是取得貢茶在韓經營權展店，但經營方式和「以外帶為主」的台灣不同，韓方還提供室內座位給消費者。

如今，韓國貢茶已有超過 400 個門市，在韓國，「貢茶」這個品牌幾乎已與台灣珍珠奶茶畫上等號，同時也成了「台味輸入韓國」的重要基地。

2017 年，韓國貢茶門市紛紛在櫃台架了一個「台灣零食區」，上頭擺的是台灣品牌義美各種商品，包括巧克力球、牛軋餅、方塊酥等，背板上還貼著大大的青天白日滿地紅國旗，告訴韓國消費者，這些都是原汁原味的台灣貨。

其實，韓國糖果餅乾產業非常發達，競爭也很激烈，過去韓國人也非常支持他們的國產品牌，外來貨很難打進當地市場。但不只貢茶門市裡賣起義美商品，一些大型連鎖賣場超市裡，也開始看到義美、中祥等台灣零食品牌，義美甚至還開發了台灣特產水果（芒果及鳳梨）口味的巧克力球，可見台灣零食魅力，正悄悄地進軍韓國。

不少仍有「反日情節」，也因為大陸祭出禁韓令而討厭中國品牌的韓國人，其實都滿支持台灣商品或台灣品牌，再加上赴台旅遊的韓國人逐漸增加，部分韓國人也認為，「哈台」是件很潮、很流行的事。JENNY 就是。

「我的手機鈴聲是《小幸運》，而且還在韓國喝過貢茶、買過巧克力球喔！」很喜歡台灣味的 JENNY 向我炫耀。

「好吧！經過我認證，你就是半個哈台族。」

「啊？才『半個』？那怎樣才算是『一個』呢？」JENNY 問。

「等你來台灣，愛上臭豆腐、喝過豬血湯、吃了豬血糕，還學會穿藍白拖騎車在路上鑽時再說吧！」

韓國的吃到飽傳統小菜，圖為一種蟲蛹，敢來試試嗎？

17

｜小菜免費吃到飽｜

情和義，
值千金！

　　雖然我發現，韓國男男女女都是大胃王，但強調「吃到飽」的餐廳並沒有台灣多。我想，這主要是受到應酬「多車文化」，及大部分食堂都提供「小菜無限取用」的服務所影響。

在韓國生活期間，我最常光顧的餐廳，應該是離家不遠的兩家食堂。一是由大陸北方大媽開的「元祖排骨湯」，這裡有免費的「煎雞蛋卷」，再加上和大媽語言能通，所以特別有親切感；另一家的食堂老闆是韓國阿朱媽，店裡的韓式辣炒豬肉，可說是我的最愛。

　　有天，戶長和班上同學聯誼去了，我一個人到北方大媽的店吃飯。

　　大媽一見我就問：「老婆今天怎麼沒來？」

　　「她被瑞典籍的小白臉男同學約走了！」

　　「這樣啊？要不要我介紹隔壁便利店的漂亮女店員給你，你請她喝咖啡呀？」

　　「謝謝阿姨，我還想活著回台灣呀！」

　　大媽聽了我的話狂笑。

　　說真的，並非我想辜負大媽的好意，只是……，我又不是沒見過她口中的那名女店員，實在很懷疑大媽的誠意和審美觀……。

　　沒多久，大媽一如往常送上一疊疊小菜：「你一個人來，我還是把小菜給足你喔！要多帶同學來我這裡吃飯啊！」大媽邊說邊把泡菜、醃黃瓜、生白菜、土豆等小菜端到桌上，另外還追加了平常沒看過的小熱狗和魚板。

　　「啊？今天沒有煎雞蛋卷了嗎？」我發現少了這項鎮店小菜。

　　「不好意思啦，因為韓國雞都生病了（禽流感），雞蛋供應不夠，所以補香腸和魚板給你，如果吃不夠，再跟我要。」

　　那一餐，我雖然吃得很飽，但，我還是喜歡煎蛋卷勝過小香腸和魚板。

　　至於另一家韓國阿朱媽開的食堂，雖然沒有煎蛋卷這項小菜，但無論單身或整群人上門消費，老闆娘都會附上滿滿的12道小菜，裡頭還有醃章魚、醃螃蟹，而且也是無限吃到飽。

禁止無限提供？業者反對！

「小菜無限免費加點」，這是韓國傳統飲食文化，不管你點什麼主餐，桌上都會擺著多盤無限供應的小菜。

北方大媽說，無論在家吃飯或外食用餐，韓國人日常飲食就是由白飯、熱湯（夏天有時會有冷湯）、小菜、醬料所組成（最後其實還有燒酒）。其中，小菜包括各種泡醬菜、涼拌或乾炒菜、煎餅、雜菜（有點像台灣的冬粉）或沙拉蘿蔔，但肉類很少，主要是小菜都是「冷食」，肉類不適合。

有時，食堂裡的小菜會成為吸引客人的主因（就像煎蛋卷），小菜吃完了，只要大喊聲「小菜再給一點」，店家就會大方地把小菜盤裝滿。這和台灣餐廳裡每盤小菜都要收錢很不一樣，所以也經常造成韓國來台遊客與店家的糾紛與誤會。

「韓國食堂這樣讓客人小菜免費吃到飽，會不會虧錢啊？」我好奇地問大媽。

大媽說，這是韓國餐廳的傳統，雖然客人再怎麼吃，也吃不倒店家，但在物價持續上漲的韓國，的確是業者一大負擔。

據了解，多位韓國前總統都曾經希望檢討免費的小菜文化，因為大部分韓國人，都不會把桌上的小菜吃完，店家常把小菜倒掉而造成浪費（也曾有業者回收被抓到）。但民間認為，為了保留傳統，不宜做出「禁止小菜無限提供」的限制。於是，業者開始改採柔性勸導，希望民眾不要浪費食材，同時在小菜的供應分量上做調整。

韓國大媽也說，當時政府提議改變小菜文化，引起社會很大反彈，因為韓國小菜文化並非只有「特殊的服務」價值，而是韓國人對「情義」的表現。

「像我們這種小店、學生食堂或馬路旁的司機食堂，都有照顧弱勢家庭、學生、司機甚至工人的責任，讓大家『吃飽』很重要，

我們沒辦法多炒一盤肉給客人，那成本太高了，但多提供一些小菜，是沒問題的⋯⋯。」

韓國人在維持傳統飲食文化和追求利益的選擇之間，依舊堅持充滿人情味的「情義價值」，讓客人填飽肚子也暖了心。有沒有讓你「揪甘心」？

反之，台灣街頭最近出現大量的韓國餐廳，如果沒有這樣的精神存在，我想，根本不配說是「正統韓式料理」吧？

吃到飽拚回本？從來不是選項

除了一般食堂小菜吃到飽外，韓國其實也有少數標榜「吃到飽」的餐廳，不過我發現，這些店的食客，有很高比例都是外國人，韓國人似乎不怎麼喜歡這類餐廳，即使上門光顧，也吃得不多，沒有「拚回本」的想法。

在新村，有家很知名的吃到飽烤肉店，其實有半數客人都是外國客人或留學生（特別是華人）；往十里也有家很有名的「貝類吃到飽」餐廳，店裡同樣能看到滿滿的華人遊客，韓國客人經常不到一半。另外還有家吃到飽 Pizza 店，這裡韓國學生或年輕上班族不少，但他們最多夾個 2 到 3 輪的食物就停手了，然後就在座位上聊天。

KIM H.J. 說：「我不好說韓國人『不貪小便宜』，但很少有韓國人上吃到飽餐廳拿食物時，會把盤子裡的菜堆高高的，那很丟臉。」（害我之後去吃到飽店都不敢吃太多⋯⋯）

他表示，韓國人去吃到飽餐廳用餐，大部分都是朋友或同學聚餐，以聊天為主，而且用餐結束後還習慣去「二車」（續攤），不會讓自己吃得很飽。再說，這些餐廳消費不算貴，就算沒有吃得很滿足，也不會讓人有「可惜」的感覺。

果然，像新村那家 Pizza 吃到飽和無限取用烤肉店，平日中午只要 1 萬韓圜（新台幣 300 元上下），這個價格只比一般食堂高30% 左右，加上韓國物價水平高，價位真的不算貴。

　　此外，位於江南高巴站百貨樓的韓式料理吃到飽餐廳，雖然外國客人並不多，而是以韓國家庭客或退休族聚餐為主，但提供的菜色與用餐環境都不輸大飯店，平日也只要 1 萬韓圜，客人取餐習慣也和台灣不同，「珍惜食材」似乎是他們共同的理念。

　　KIM H.J. 說：「現在韓國家庭普遍都算富裕，上餐館要求的是食物的精緻性和品質，比較不在意分量，所以吃到飽餐廳如果沒有特色，很難受客人青睞。」

　　北方大媽也說，現在的韓國人很少有「拚回本」的想法，所以無論是吃到飽餐廳或一般小食堂提供的免費小菜，其實並不怕客人吃。

　　「像你們夫妻兩，最多就只能吃 3 盤煎蛋卷，是能吃多少？」

　　大媽邊說邊用手比了個大大的「3」，害我之後都只敢點 2 盤煎蛋了……。

18

|一夜五車|

哥吃的不是美食，
是心酸啊！

　　韓國人吃頓晚餐要花多少時
間？我想，是 5 小時以上！因為韓
國人吃完晚餐後還習慣續攤，而且一
續就是 4 場、5 場，甚至包括宵夜。
這是他們特殊的「多車文化」，這個
習慣的背後，也透露出韓國人來自
「群體的壓力」。

韓國吃到飽餐廳不如台灣普遍，除了受小菜文化影響外，「多車聚餐文化」也是關鍵。他們習慣在吃完一餐後，再到下一家店續攤，接著再換一家，然後再跑一家，一晚最多可以續5、6家店，當然不能一口氣吃太飽，得把胃留點空位！

　　「續攤」對早期的台灣人來說並不陌生。

　　和朋友吃完晚餐後再去吃甜點；商務聚餐吃飽後喝個小酒；情侶享受燭光晚餐結束後，手拉手去飯店……的咖啡廳喝杯咖啡。這些續攤行為都再正常不過了。不過，隨著業者提供「一站式服務」愈來愈普遍，很多餐廳除了提供主食外，還附上飲料、甜點、咖啡或小酒（真是不留給別人賺呀），再加上台灣人愈來愈養生，擔心續攤吃太多，會讓身材走樣，導致大家吃一頓飽後，就不續攤了。

　　不過，韓國人可不這麼想。

　　韓國的續攤文化依舊很普遍，而且吃完拌飯後再去烤個肉、烤完肉再去喝酒、喝完酒去喝解酒的排骨湯、喝完湯再去吃炸雞、炸雞啃完來碗冰，然後還要喝咖啡，最後到24小時食堂吃飯卷（有完沒完呀……），一個晚上跑個5、6攤是很平常的。

　　我第一次和朱莉上烤肉店時，肉烤到一半，走進來一群看起來像是大學生的韓國客人，約莫15人，總共包了3張桌子。我發現，每張桌子都點了2瓶燒酒，和1份綜合烤肉。

　　沒錯，一桌坐滿5個人，但卻只點一盤烤肉。一群人開心地吃完後，大約20分鐘就離開了（當然，一份烤肉分量很少，一人可能只能吃個4、5片吧）。

　　我問朱莉，他們這樣就飽了？韓國人食量那麼小？

　　朱莉說：「不是啦，他們一定『二車』（續攤）去了！」

　　果然，我們吃完烤肉離開後，又發現他們出現在烤大腸店；之後和戶長逛街時，又看到這群年輕人在炸雞店裡喝啤酒聊天。

　　韓國人稱續攤為「車」，續的第一攤叫「二車」，接著是三車、

四車、五車……。通常「車完了」都半夜 12 點了，甚至還有些到天亮才結束。

擔心被排擠 非聚不可

朱莉說，這是韓國聚餐文化，一群人一起吃飯、一起續攤，特別是辦公室同事，無論長官有沒有陪同，韓國人在團體壓力下，沒有人敢不參加或提前離開，就是怕被貼上「不合群」的標籤。

有天晚上，JENNY 帶我一起去參加他的同事聚餐，體驗韓國喝酒文化。在烤肉店就喝了起來，突然有位同事「啪」的一聲倒在桌上，頭髮都上了烤肉架了！一陣兵荒馬亂後，有人送他去搭車回家。

我問 JENNY，韓國人不是酒量都很好，怎麼才兩杯就倒了？

JENNY 告訴我，那位同事白天上班就有點發燒，估計是燒到受不了才昏倒。

「發燒了還來喝酒？」

JENNY 說，因為這同事前兩次聚餐，都為了照顧生病的小孩沒來，這次再不來會被大家貼上「不合群」的標籤，所以今晚非到不可。

同樣是當晚發生的事。我們喝完酒後到排骨湯店喝醒酒湯，然後去吃了炸雞，又一起上 KTV，歌唱到一半，有位長得很漂亮的韓國女生去上廁所，包包帶走了，但手機放在桌上，人卻失蹤了。當下，大家都很緊張，怕是出了什麼意外。

半小時後，這美女回來了，她說，因為妝花了，到廁所後發現化妝包放公司，所以回公司補妝後才回來。

我又問 JENNY，都下班了，妝花了就算了，幹嘛一定要回公司拿化妝包補妝？

JENNY 的回答也很妙，他說：「如果妝花了，不是只有醜而已，還會被其他同事嫌，以後怎麼和公司的姐妹們一起混？」

　　那晚的體驗，不但讓我見識到他們的「多車聚餐文化」，也讓人理解韓國上班族們，每人都揹著相當大的群體壓力。

　　說真的，韓國人的團體生活壓力真大，從「多車文化」的習慣中展露無遺。只要被扣上「不合群」的帽子，就可能遭到團體排擠甚至霸凌。公司長官與同事下班約好一起烤肉、喝酒，但你腸胃不舒服，昨晚又熬夜工作，想回家補眠，你會怎麼做？

　　如果是台灣人，應該會向長官同事說聲抱歉，然後撂下一句：「下次再去」，回家倒頭就睡吧。但韓國人肯定會拖著疲憊的身體，一起去吃肉喝酒。

　　一群姐妹淘說好，星期六要穿同款式的短裙上街壓馬路，但感冒的你，怕穿上短裙讓咳嗽更嚴重，你會怎麼做？

　　如果是台灣人，應該會換上長褲赴約，心想「姐妹應該能諒解」，又或者以感冒當藉口，乾脆在家休息。但韓國人不但非赴約不可，還會穿著短裙去吹冷風。我想，這可能也是韓國街頭無論是氣溫零度到 33 度，隨時都能看到穿著短裙的女孩，露出修長（不修長的也有啦）美腿的原因吧！

　　有天，零下 5 度左右，我又在學校裡見到穿著短裙的學生，而且是一群看似同班同學的 4 個人，全都穿著短裙。

　　下午我遇見妹妹 ALICE，連她都穿著短群！（那雙腿是修長的喔）

　　我問她：「韓國人真的都不怕冷嗎？零下 5 度照穿短裙？」

　　ALICE 說：「怕呀！但沒辦法，同學們都這樣穿，我不穿就變怪胎了！」

　　她解釋，韓國校園裡，同學間很容易相互影響，只要有人穿短

老外和韓國朋友用餐，都對他們的豪邁和喝酒文化感到新奇。

裙上課深受好評，其他同學隔天馬上就跟風；而且，一群好友中，領導人要大家隔天一起穿短裙上課，如果有人不穿，就會被貼上「不合群」的標籤，甚至遭到霸凌。「運氣好一點是被排擠，人際關係出現問題；運氣不好，還可能莫名其妙挨揍，搞到身心都受到傷害。」ALICE 說。

集體行為不跟不行

2017 年，韓國出現驚人的校園霸凌事件，一位國中女學生遭同儕小團體霸凌，被其他人以鋼條痛毆導致全身是傷，網路上還出現她低頭求饒的影像，引發韓國社會關注。

根據韓國青少年政策研究院的調查，有將近三成的國高中生曾被「網路霸凌」，過半數的學生曾因為學校暴力而感到痛苦。事實上，韓國每年都會傳出幾件嚴重的霸凌事件，但因為「青少年保護法」的限制，施暴者往往能全身而退，成為校園惡霸的保護傘，這個問題讓韓國政府與教育單位，甚至家庭都大為困擾。

KIM H.J. 也認為，韓國自殺率全球最高，「團體霸凌」是非常關鍵的原因之一。大部分韓國人為了避免自己被霸凌，無時無刻都要注意在團體內的言行，所以很容易出現「別人這樣，我也必需跟著」的行為，儘量讓自己融入團體中，無論是學生和上班族都是如此。

當韓國人習慣「讓自己融入團體中」後，就很容易出現「複製人」現象，就是所有人的行為都一樣，無論「不跟著大家走」會不會受到霸凌。所以，如果今年流行條紋白色長袖襯衫，你在街頭等紅綠燈時就會發現，十位年輕女性中，有八人穿著白襯衫等著過馬路。假使今年流行破牛仔褲，十位韓國辣妹中，就有八件褲子是破的（我猜另兩位可能是那件破褲子洗了還沒乾……）。萬一今年流

行披肩的直髮，十人中可能只有兩人不是這種髮型，一位可能是來不及剪，另一位可能是之前剪短了，來不及留長。

這種集體行為很容易在韓國街頭見到，或許台灣人會覺得「很沒個性」，但我認為，這是他們積年累月在團體壓力下所受到的影響。

至於那些受到同儕影響，必需穿著短裙或短褲上街，不小心還會露出半顆屁股蛋的女孩，她們不害羞嗎？這我就不清楚了。但從中也可以理解，為什麼韓國女偶像團體，有時會被批評穿著過於曝露，畢竟，連走在街上的女孩，裙子布料都那麼少了……。

19

| 自動化的浪漫 |

21 個情人節，
賣花機賺翻了！

　　人事成本高的國家，自動販賣機
就非常發達。韓國近年來也是，就連
「買來討女孩歡心」的花束，都透過
自動販賣機來進行銷售，藉以因應韓
國情侶的 21 個情人節需求……。

你知道，韓國有多少情人節嗎？答案是「最多達 21 個」！

　　神經病！21 個情人節，豈不是每兩星期就要來一次？比女性的月事還頻繁耶？

　　究竟韓國人是怎麼過到 21 個情人節的？

　　JAMES 說，最重要的當然是 2 月 14 日的西洋情人節，但每月14 日，也被訂為情人節，而且都有不同的意義。

　　1 月是日記情人節，情侶會互送對方「記錄一整年戀愛故事」的日記；2 月是最重要的西洋情人節（也就是俗稱的失身日啦），那天要由女孩子送禮物給男生；3 月白色情人節，則是男人要回送女孩禮物的節日。

　　4 月就到了黑色情人節，這是給單身者過的日子，單身的人聚在一起穿黑色套裝、帽子、鞋子、吃黑豆、喝黑咖啡，還有黑色炸醬麵，甚至舉辦「快速配對約會」；5 月是黃色與玫瑰情人節，也是單身者的節日，這天要穿黃衣服、吃咖哩飯，告訴周邊的人「我還單身，快來約我」。6 月是接吻情人節，在這天，年輕情侶會在大街上公開地接吻表達愛意（這個真好，大方放閃）；7 月是銀色情人節，雙方要把另一半介紹給家人，並互贈銀飾定情。8 月是綠色情人節，所有情侶會換上綠色衣服走向戶外親近大自然。

　　9 月的音樂情人節四處都會舉辦舞會，剛在一起的情侶會選在這天，在公開場合將另一半介紹給朋友；10 月是葡萄酒情人節，小倆口會在浪漫的餐廳裡喝葡萄酒，共同規畫未來（這肯定是舞廳和餐廳業者的點子）。11 月是橘子與電影情人節，這天情侶要連看兩場電影，然後到果汁店兩人喝一杯曬甜蜜（應該是電影業者和果汁業者的點子囉）；最後一個月是抱抱情人節，這天，情侶要像無尾熊似地抱在一起（12 月天氣很冷，也算合理啦）！

　　除了一年 12 個月有 12 個情人節外，韓國情侶還流行慶祝「在一起 100 天、200 天、300 天、1000 天」，再加上兩人生日、相

識周年紀念日（不是「在一起」喔，只是相識也要紀念），那麼多
節目，真是令人頭昏腦脹。

工業風設計　好有 FU～

　　這麼多個情人節，除了特定業者可以狠狠地撈一筆外，送禮市
場也非常發達，巧克力、糖果、娃娃、飾品等，都是女生最常收到
的情人禮物，「花束」更是！韓國男人真的常送花給女孩子，所以
市區花店很多，街上也有不少賣鮮花的小販，但最吸睛的，是最近
流行的「花束自動販賣機」，大部分都擺在熱區或學區顯眼的大馬
路上。

　　據說，這個花束販賣機的創意其實是源自英國。有位和女友分
手的韓國男孩，到英國看到這個販賣機後，想到自己從來沒有送過
花給前女友，總覺得有那麼點遺憾（沒送過花？難怪會分手……），
於是決定改良這種販賣機，擺在首爾弘大街頭。

　　現在，首爾街頭四處都可以看到這種機器，大部分走工業風，
每台機器有 20 個小格子，不同造型的花束，就躺在打著氣氛燈光
的格子裡，再透過透明玻璃框展示。

　　由於花束在金屬感十足的機器內顯得特別美麗，對愛花的女性
來說，根本毫無抵抗力，男伴自然也樂於掏錢製造浪漫。

　　每個在販賣機裡的花束，都有不同標號，消費者只要在購買時
輸入標號，玻璃櫃就會自動打開，讓花主帶走。這些花束要價約
12000 到 18000 韓圜（新台幣 350 到 520 元間），其實和傳統花
店通路的價格差不多，但往往不接受現金消費，只能透過銀行卡或
信用卡支付。

　　在韓國，不只有花束可以透過販賣機購買，從最基本的飲料、
零食、小朋友的玩具、現壓果汁、現煮咖啡到書報、個人衛生用品，

甚至連泡麵也都有專用自動販賣機。（注意喔，泡麵販賣機是賣「泡好的」的泡麵，可以立馬吃的！）

　　此外，韓國和日本一樣，許多餐廳都採用自動售票機，節省店家的人力與管理成本，就連大型速食店的點餐櫃台也取消了，改用自動化點餐（麥當勞、漢堡王、儂特利都是）。雖然台灣最近也有速食店（如摩斯漢堡）擺出自動售票機，但和日本、台灣不同的是，韓國自動售票機大部分只接受卡片消費，而不收現金。這與韓國已走入高度無現金消費社會，有很大的關係。

無現金消費　點餐全面自動化

　　我們學校對面，有家只有十幾個座位的刀削麵，因為一碗麵只要 3300 韓圜（新台幣不到 100 元），中午時間往往擠滿了學生。這家店裡居然只有 1 位服務生（可能就是老闆娘本人吧），但她只負責煮麵、送餐，而點餐結帳等工作，靠門口的一台自動售票機就全搞定了，輕輕鬆鬆省下人事與管理成本。

　　白色情人節那天中午，我和戶長吃完麵，走到弘大商圈散步。

　　戶長看到花束自動販賣，覺得很有趣，對我說：「你很久沒送我花了！」

　　手頭很緊的我，靠近販賣機一看，回戶長說：「呴，裡頭全是乾燥花，都假的！而且家裡沒有花瓶，買了也不知擺哪……。」

　　原本以為戶長會因為我的小器而發脾氣，沒想到，這回她放聰明了。

　　「也是啦，沒花瓶，花買了真的很麻煩……。」

　　我點點頭，正開心地想著，這下錢省下來了。

　　沒想到戶長補了一句話：「今天是白色情人節耶，這樣好了，反正中午吃麵很便宜，花錢也省下來了，那晚上請我吃韓牛好了！」……甲害！

20

| 瘋野餐 |

從早吃到晚，
韓國人都這樣玩！

　　剛到韓國生活時，我一度覺得「韓國人怎麼那麼假掰」、為什麼要在大馬路旁「野餐給路人看」？後來才知道，野餐文化是韓國近幾年掀起的流行消遣。

在說明韓國人的野餐文化前，我們先談談韓國的「綠化」實力。

2017 年，首爾政府正式宣布將「首爾路 7017」列入官方觀光指標之一。

「首爾路 7017」是一條在首爾車站旁的廢棄高架道路，這座橋擁有 40 多年歷史，總共有 1 公里長，過去協助紓解都市繁忙的交通，但 2006 年時，因為沒有通過安全檢查而遭到棄用。之後有人提議要將其拆除，但首爾政府卻獨排眾議，打算把這條廢棄道路改造為一座懸浮在空中的公園，除了在高架上種樹、建設小朋友的遊憩設施外，還空出小咖啡店的空間，提供遊客休憩，希望達到綠化市容的功能。

公園正式啟用那天，我被戶長拉著去參觀了。老實說，因為遊客太多，在高架道路上前進還得用擠的，加上種植的植物還沒長大，可看性真的不高。但可以想像的是，未來樹木長大、人潮較少時，絕對是座美麗的空中花園。

其實，首爾市區有很多大型公園，不少公園的規模，比台北大安森林公園還大，而漢江沿線的漢江公園更是著名地標。如果說大安森林公園是台北市的「都市之肺」，那首爾的肺，可就「既多又大」了！

其實，2003 年前的首爾市民「每人可用綠地面積」只有世界衛生組織建議的一半，於是政府提出「2020 首爾綠色遠景」，鼓勵 1000 萬名市民參與綠化工作。

如今，綠化成果逐漸展現，除了大型公園外，首爾市裡的小公園也很多。

此外，首爾地鐵的沿線路面上，也種滿了花草和樹木，午後會有很多老人家出來運動，或有年輕媽媽推著娃娃車散步。而馬路上雖然沒有像台北市的中央分隔島綠化工作（首爾街頭少有分隔島），但路旁也種滿樹木，無論銀杏或櫻花，都讓某些季節的首爾

美極了。

弘人延南洞 宵夜新去處

擁有這麼多公園和綠地，除了散步外，還能幹嘛呢？那就來野餐吧！

這幾年，首爾市民流行在都市裡野餐，因為都市綠地多，民眾野餐的空間也隨之大增，加上腦筋動得快的業者，在綠地周邊開起店來，讓野餐成了韓國人重要的休閒之一。

弘大的延南洞，是時下首爾年輕人野餐、約會的重要地點。這個位於弘益大學附近的「京義線林道」，被當地人稱為「城市綠洲」，政府在全長6300公尺的長條狀公園裡，種滿了樹木與草皮。

由於該公園位於市中心與地鐵出口，交通很便利，馬上就成為首爾人野餐的新地標，公園兩旁的美食或咖啡店，有些提供座位，有些則設計外帶餐飲，讓消費者捧著食物，坐在公園草地上野餐，形成有趣的「在都市裡野餐」畫面。

此外，市政府在公園裡打上不少「很有氣氛」的燈光（有人覺得很美，但也有人不喜歡），加上商家提供夜間服務，也讓這裡成了「宵夜野餐」的好去處。

在公園裡，人人手上都拿著「牛排杯」的商品。業者設計了一款上下層的外帶杯，上層鋪滿了煎到七成熟、搭配黑胡椒與芝麻等沾醬的美食；下層則是檸檬汽水或啤酒等冷飲，相當有噱頭（台灣也有業者引進了）。

我發現，來野餐的都是年輕族群，一部分是情侶，一部分是學生或同事一起來。情侶們有時會帶著家中寵物加入野餐行列（拜託，韓國有人吃狗肉，但大部分都是愛狗人士好嗎），而年輕人也會在草地上玩遊戲。

延南洞周邊有很多小餐飲店，推出可以外帶的飲料和零食，都很受歡迎。

「這裡旁邊有馬路，還有很多住宅建築，風景又不好，說真的，我不是很理解為什麼你們這麼愛來這裡野餐？」

那天我和 JAMES 去弘大吃烤肉，經過京義線林道時，這樣問他。

「應該是為了趕流行吧？而且來這裡野餐不用自己準備食物，走兩步就買得到，很方便呀！反正車子又不多，就算是去其他大型公園，晚上也是什麼都看不到，沒差啦！」JAMES 說。

好吧！當我不懂，畢竟我很難想像，坐在人來人往、空氣不算太好、可能看見住家廁所窗戶的馬路旁，邊啃三明治、大口吃牛排，又大口喝啤酒的感覺。

不過，相較於這種在地鐵出口處野餐，到漢江畔吃吃東西聊聊天，就真的有趣多了。

漢江公園獨賣：隱藏版泡麵

「首爾人，應該都去漢江野餐過吧！」JAMES 這麼認為，因為漢江公園不但是首爾地標之一，更是家庭野餐最佳去處。

全長 514 公里的漢江，總共有 12 區漢江公園，其中又以「汝矣島」最為著名，許多韓劇或綜藝節目都會來這裡取景。

對台灣人來說，在漢江公園野餐，最有趣的就是「外叫炸雞」了。

有天，班上同學一起去漢江公園野餐，大家提議不帶食物，要嘗試在野外叫外送的服務，於是我們到了定點後，打了電話叫 Pizza 炸雞。

在打電話之前，我很好奇地問其他同學：「這公園這麼大，又沒地址，外送服務員怎麼送餐過來呀？」

唉，這個問題害我被嫌老土！

原來，走進公園入口時，就會看見很多服務員瘋狂地發傳單，如果和他們多聊幾句，還會多塞幾張折價券給你。打電話點餐後，買家要在約定好的時間，或等外送員的電話通知，然後再到特定地點取餐付款，例如汝矣島便利商店前。（原來不是坐在草地上等啦）

後來外送員來了，好奇的我又問他：「我如果點了餐卻沒來拿（放鴿子）呢？」（真搞不懂自己那天為什麼對那麼多事都感到好奇）

「沒關係，點餐的人很多，食物會賣給下一個點餐的客人，你也會變壞人……。」外送小弟這樣開玩笑。

基本上，所有允許外送的食物，幾乎都可以被送到漢江公園。不過，在漢江公園野餐還有一個玩法，就是善用公園內的便利商店。

在漢江公園便利商店裡，通常都擠滿了來野餐的客人，而店裡

賣得最好的商品有三種，一是即時米飯，二是啤酒，三是泡麵。由於很多韓國家庭到漢江公園野餐，會帶著自家醃製的泡菜，然後到便利店裡買即時米飯（微波食品）搭配，所以即時米飯的銷售特別好。而啤酒會熱銷，主要是這裡的便利店會推出市區門市沒有的優惠，因此很受到歡迎。

但泡麵是怎麼回事？

原來是這裡的便利商店，不但有賣各種品牌的泡麵，還有附設專屬「韓式泡麵機」，甚至是特殊版泡麵。這個特殊版泡麵，採鋁箔碗包裝，據說只有在漢江旁才有販售。而鋁箔碗泡出來的麵，無論麵條粗細和口感都和一般泡麵不同，但售價要 2500 韓圜左右（新台幣 70 元）。店裡還有賣生雞蛋，只要利用專屬電爐沖泡泡麵，就能輕鬆享受正港「漢江泡麵」的滋味。

除了吃泡麵外，韓國人在漢江公園野餐，還能順便玩水、看街頭藝人表演、騎自行車、看夜景與大橋燈光秀等。（又來了，韓國觀光絕招──燈光秀）而我也發現，韓國家庭對野餐真的很重視，他們可不是帶張塑膠布就去野餐了（沒準備野餐墊也沒有關係，旁邊就買得到），更多的家庭是帶著帳篷去漢江野餐，陣容真是非常「強大」！

說真的，首爾比台灣適合野餐活動，除了他們都市綠地多，還有當地的文化與習慣外，天候也是其中一個元素。

首先，韓國雨量不多，不像台灣動不動就下雨，打壞了野餐計畫與樂趣。而且韓國氣候乾冷，戶外蚊蟲也比台灣少，更適合野餐活動。不過，適合歸適合，大家可別在冬天零下 15 度時，跑到漢江公園吹冷風野餐呀！

至於像京義線林道這種馬路旁的野餐，究竟好不好玩？或許你下次可以去試試，當然，也別選在冬天呀！

21

| 相親了沒 |

婚介模式新奇，
年輕人接受度高。

如果你還未婚，朋友要你去「相
親」？你會不會覺得「太老土」？
　　韓國人可不覺得相親很土呀！
相親在他們的生活中，是很重要的。

「我覺得相親挺好的，可以認識不同朋友，還有機會找到另一半，我太太就是相親認識的呢！」

　　KIM H.J.和一般韓國人一樣，年輕時也相親過很多次。他認為，和相親對象認識後，雙方又沒有一定要結婚，兩人如果不來電，還可以把對方介紹給身旁的朋友，沒什麼好抗拒的。而這也讓「相親」這件事，在韓國社會中相當普遍。

　　許多韓劇都是從「相親」演起。其實，韓國人所謂的相親，指的並不全是「由長輩安排的男女介紹會」這種方式，反而比較像是台灣學生之間的「聯誼」活動，大體上採兩種模式來進行。

　　第一種，當然還是介紹式的相親，這種一對一活動，有點像是台式傳統相親，但介紹人可能是家長，也可能是身旁朋友。至於相親對象，可能是父母朋友的子女、朋友的同事或同學，甚至好友之前相親過、配對沒成功的異性。

　　第二種是比較屬於聯誼活動的團體相親。

　　之前提過，韓國人很重視團體活動，相親也一樣。往往是一群男生和一大群女生碰面，大家一起吃飯喝酒，然後再從中找尋自己喜歡的對象，進一步認識並培養感情。

　　早期的韓國和中國人一樣，自由戀愛是不被允許的，而「相親」是婚姻必經傳統程序，大部分韓國人都是受父母之命去相親，相親對象決定權也在父母手上，年輕人必須在媒人介紹、父母同意下，才能定終身。

不喜歡 介紹給朋友

　　雖然時代在改變，但因為韓國人非常重視家庭，父母擁有家中任何事物的主導權，直到現在，還是有很多年輕人對父母的指示唯命是從，就連婚姻也是。對家長來說，由於子女相親的對象可以被

掌控，在這種前提下交往的對象，遠比自由戀愛的對象還令人放心。所以父母往往還是積極地為子女安排相親。

「但韓國的年輕人會不會像台灣一樣，對相親這檔事覺得厭煩？寧願選擇自由戀愛呢？」我問 KIM H.J.。

他的回答也很有趣。

「韓劇劇情中，男女主角因為家庭階級地位不同，婚姻被雙方家長反對，感情因此面臨艱苦奮鬥。這種事也出現在現實生活中，導致有些年輕人認為，不如一開始就接受父母安排去認識對象，再從中挑選喜歡的交往。」

而一年要被媽媽安排 2 次相親的 JENNY 也說，其實韓國年輕人對於家長安排的相親有時並不反感，畢竟次數多了，家長對相親結果並沒有那麼在乎，年輕人也不會「有壓力」。

「不喜歡，就當成認識新朋友；討厭對方，就不再聯絡，媽媽又不會強迫我和對方交往，有什麼好反感的。」JENNY 這麼說。

除了傳統的一對一相親外，新型態相親模式也愈來愈受歡迎。

如果你有韓國朋友，應該會發現對方很關心「你有沒有異性朋友」這個問題。

別以為這是韓國人愛探人隱私，實際上，大部分韓國人不會讓自己寂寞太久，會想辦法縮短感情空窗期，快點交個男朋友或女朋友。所以，人們也很習慣熱心地為身旁單身的朋友「張羅找伴」。

其實，比起中國人的「隨緣」，韓國人更相信愛情是積極爭取而來的，因此，「主動出擊」就非常重要。即使是剛結束一段戀情的年輕人，也會透過各種機會遞補另一半，的確有相親的需求，於是「婚友社」的數量也快速成長。據了解，目前韓國的婚友社已經超過 2500 家。

這些婚友社提供了各種新奇的相親聚會，如傳統的餐飲聚會相

親外,之前也出現一日旅遊、運動、宗教活動(教會居多)等各種相親模式,讓靠「收入會費」為生的婚友社快速發展,不斷衝擊傳統相親模式,但也讓年輕人樂於嘗試,並對相親這個傳統文化抱持開放態度。

穿連身洋裝就對了

此外,傳統的婚友社如今也將觸角伸向網路世界,相關網站或APP 非常多。

「我不否認韓國是無法忍受寂寞的民族,如果有人長期單身,又不去認識新朋友,就會被視為怪胎,甚至被懷疑有沒有其他身心問題。所以,參加婚友社沒什麼好丟臉的!」KIM H.J. 說。

根據業者的調查,有結婚意願的單身上班族,平均每星期會相親 2 次(無論是什麼形式相親),從相親認識到結婚,大約只要10 個月。

「真的假的? 10 個月就結婚了?」我問 KIM H.J.。

「每個人狀況不同啦!我同事參加了好多年,花了好多錢,也還未婚呀!」KIM H.J. 說。

此外,韓國媒體也曾經報導過某家「頂級」婚姻情報所的入會條件,包括要 1 億韓圜入會費(約新台幣 285 萬元),條件還必須是醫大或相關的專業學歷,另外還要有 1000 億韓圜(28 億新台幣)的財產。

看完這個資格,我想說的是:「如果有這個條件,誰還需要去參加婚姻介紹所啊?」

最後和大家分享一個有趣的話題,就是韓國人對「相親時的穿著」可是有一套標準的。

根據網路上一份調查,在相親場合中「最能抓住男人目光」的

女性穿著，依序是：充分展現女人味的連身洋裝、表現中性帥氣的白襯衫配牛仔褲、可愛中帶著甜美的蝴蝶結襯衫；女性則對穿著休閒式西裝的男人特別有好感。

　　不過，大部分男性都是「以視覺為主」，也就是男人去相親時，最關心的是女生「漂不漂亮」；但「理性思考」的女性，除了關心男人的身高外，對於職業、個性和宗教也特別在意。

　　你說韓國大男人主義？從韓國女性對相親對象的條件看來，女人的要求與眼光，一點也不低啊！

22

| 銷魂喇舌房 |

新型情色產業,
不能說的祕密。

韓國曾經有項調查顯示,兩成男
性在 20 歲時有買春經驗,有買春習
慣的男性,平均每月要來 4 次。可
見,即使性交易在韓國是違法的,但
韓國情色產業可是很發達的。

這個題材說真的，是滿有趣的！但，真他Ｘ的有夠難寫！

從我韓國的住處到學校，途中會經過一家酒吧，每天早上經過這家酒吧的大門時，都會發現門口躺著散落滿地的「小卡」，有時甚至整條巷子都是。這些卡片就像名片般的大小，上頭印著性感裸女，或穿著性感內衣女性的照片，還有一連串（11個）數字。明眼人一看就知道，這些是「外叫小姐」的宣傳卡，但那串數字可不是價格啦（11位數還得了），而是雞頭（馬伕）的聯絡電話。他們會選在酒吧門口發放這些小卡，相信就是鎖定店裡消費酒客在招攬生意。

有時候，還可以發現巷內的私家車雨刷上被夾滿小卡，就像很久前，台灣的應召業者會把寫上電話號碼的便利貼，貼在汽車車門或機車座墊上一樣。

「什麼年代了，還有應召業者用這種方式找客人？怎麼不用網路呢？這麼老氣的宣傳方式，應召小姐不會也很老吧？」當下我對著自己碎碎唸。

我的韓國男性朋友中，沒人承認有應召的經驗（但，居然也沒人否認）！問他們有關韓國的情色產業，往往只是笑著回我：「問這個想幹嘛？」然後換我惦惦不敢吭聲。

年輕又未婚的嗶嗶兄（匿名處理啦），是唯一承認自己在韓國上過按摩店、kiss房的朋友，雖然他不算真正的韓國人，只是在韓國住了十年的朝鮮族。

「應召業者上網攬客，死很快！因為韓國之前實施網路實名制，上網買春或賣春，馬上被揪出來了！」

嗶嗶兄還說，路上發的小卡其實已經沒有以前多了，因為警方很容易循電話逮人。現在的首爾情色產業多已走向地下化，大部分會在商業酒店，或改朝按摩店或KISS房這種新型態模式來經營。

每月 70 萬韓圜嫖妓？好猛

韓國 10 年前曾有項統計：2007 年性交易產值，占全國 GDP 的 1.6%，大約有 14 兆韓圜，而 64 歲以下的成年男性中，有兩成每月會花 70 萬韓圜（約新台幣 2 萬元）去嫖妓。

事實上，性交易在早期的韓國是合法的，政府將娼妓與娼館分開管理。娼館被集中在固定處（就是所謂的紅燈區）營業，並被課予重稅；而娼妓必須領有工作證，接受體檢與公機關管理，然後到娼館工作，只需負擔租金或管理費，不受娼館業者控制。

早期韓國紅燈區很多，著名的包括清涼里、彌阿里、永登浦等地。

以過去的「清涼里紅燈區」為例，有點像台灣的檳榔攤，娼妓如同檳榔西施般，穿著清涼地坐在貨櫃改裝的透明屋內，搖首弄姿吸引嫖客上門，被相中的娼妓，就會帶著男客到透明屋後方房間從事性交易。有趣的是，由於早期紅燈區接受管理與課稅，所以客人還能刷卡交易！

此外，這種紅燈區的性交易，時間往往只有 20 分鐘，別說沒「事後澡」可以洗，可能連抽根菸的時間都沒有呢！（韓國人還真急啊！）

不過，韓國政府在 1988 年漢城奧運時，為了維護國際形象，開始取締色情業，並在 2004 年通過《防止性交易以及保護被害者相關法律》，將性交易視為違法。

如今，韓國紅燈區已成歷史，例如清涼里原本的紅燈區，就改成一棟棟全新的高級住宅。然而非法性交易仍存在於韓國社會，並轉為地下化，最普遍的就是嗶嗶兄去過的按摩店。

韓國不少按摩店都暗藏春色。

嗶嗶兄說，如果招牌掛著 Massage(마사지)、Spa 等字樣，那些是正當的按摩場所。但如果是寫著「按摩」（안마），10 間裡有 9 間都有非法性交易。

韓國情色按摩師，許多都是國外到韓國打黑工，或非法拘留女性，他們的服務內容和傳統紅燈區不同，通常會先幫客人來場正式按摩，再開始「辦事」，全程約 1 小時，收費約 20 韓圜左右（6000元新台幣）。這種情色按摩店在首爾地區很多，但業者以合法掩飾非法很難取締，除非有重大治安事件或遭人檢舉，否則警方很少主動掃蕩。

聞聲不見人 這樣 kiss 太刺激

但情色按摩屬中低價位的性交易，韓國年輕人並不喜歡去消費。於是，前幾年就有不少新型態的情色業，或遊走在法律邊緣的業態出現，其中讓嗶嗶兄樂此不疲的，就是「KISS 房」（或稱為「愛情房」）。

嗶嗶兄說，「KISS 房」就是讓客人在包廂裡，和店內的女性服務人員接吻。他認為，這種經營模式應該是從日本傳到韓國（但日本朋友 MAYU 說他沒聽過這種玩意兒），曾經流行過一陣子，但現在數量已經不多。

客人到店後，會被帶到一間伸手不見五指的包廂，包廂裡有一間小廁所，服務生會先要求客人刷牙漱口（還記得我說過韓國人隨身帶牙刷嗎？這時就派上用場了），清除口中的異味。接著會有一位女性服務員進包廂。嗶嗶兄說，因為包廂裡非常暗，根本看不到對方的臉，但從講話的聲音可以知道，年紀通常都不會太大。

大部分 KISS 房的女服務生會先和男客人聊天，刻意營造「談

戀愛」的情境（所以又叫愛情房），然後把臉湊向客人開始接吻。

「只有接吻嗎？」我好奇地問嗶嗶兄。他說，最基本的就是接吻而已，但服務生通常會在耳邊淫聲浪語，讓客人感到興奮，許多男客人會利用不到一小時的時間盡情接吻，有時還會上下其手。雖然接吻房通常不提供全套性行為服務，但因為有許多年輕女大學生在此打工，所以受到喜歡追求刺激的年輕族群喜歡。

事實上，韓國情色產業和台灣一樣，也有酒店小姐、傳統妹、摸摸茶等，鐘點情人、情色伴遊或飯局妹，過去還有所謂的「外送咖啡小姐」（應召女外送咖啡到嫖客家或旅館從事性交易），真是情色產業非常發達的國家。

那天，我和祖母級的MAYU談起情色產業這個話題，她也笑說：「你看，韓國男人也好色吧！全世界都說日本是情色大國，我看，韓國才是吧！」

其實，「食色性也」，韓國情色產業發達，只要管理妥當，對一般老百姓的生活影響也不算大。

不過，奉勸來韓國觀光的台灣男人們，最好別在韓國惹麻煩，雖然護照上不至於被蓋上「嫖蟲」的章，但台灣形象要顧好啊！再說，萬一被逮，還要出動官方救援，那可真的會紅回台灣的！

可愛的 RYAN 居然不是熊,是獅子!圖為 KAKAO 弘大店一景。

23

| 瘋 KAKAO |

那頭沒毛的獅子,
居然開銀行了?

　　在台灣,男女老少都離不開
LINE。韓國人不用 LINE,他們用
KAKAO TALK。開發這個 APP 的公司
很厲害,不但卡通人物不輸 LINE 熊
大、兔兔,更擴張到行動支付與計程
車叫車業務,最近還開起虛擬銀行,
成為韓國年輕人的最愛。

「這隻熊全身都黃黃的，好療癒、好可愛。」

「牠是隻獅子。」戶口滿臉不屑地回我。

「明明就是熊！」我不服氣。

「你很沒常識耶，是獅子啦！」戶長拉高了嗓門。

「你看牠身材圓滾滾的，頭上又沒有那一圈毛，明明就是熊。」

「對！牠就是隻『沒長鬃毛』的獅子！」戶長臉上掛著三條線和我爭辯。

我們討論的，是韓國人最愛的玩偶──RYAN，牠是來自通訊軟體 KAKAO TALK 的卡通角色。我們在上網證明誰對誰錯前，戶長還和我下了場賭注，誰輸了，就負責倒一個月的垃圾。

我們住的大樓只有資源回收場，垃圾得提著到後方馬路邊的電線桿扔。首爾的一月天不但冷，而且還常下雪，導致地上濕滑，出門倒垃圾可是件苦差事。

上網查了 RYAN 的「身世」後，有人大罵：「KAKAO 這家公司是發什麼神經？沒事把獅子的頭毛剃光了幹嘛？」（對啦，我罵的）

唉，我輸了。

RYAN 的確是隻獅子，KAKAO 這家公司不但沒事給獅子剃毛，還擴展各種事業，提供各種韓國人需要的生活服務，最近還開起虛擬銀行，單挑起傳統銀行業務，顛覆韓國的金融市場。

跨足行動支付 併購遊戲創投

KAKAO 是一家韓國網路公司，成立於 2004 年。

2010 年推出 KAKAO TALK 這個即時通訊軟體，一步步稱霸韓國行動社交市場。目前用戶數已破億，活躍用戶也超過 5000 萬人，幾乎所有韓國的手機使用者都愛用 KAKAO TALK。如果你想交韓

國朋友、想把韓國妹、想找帥氣的韓國歐巴作伴，或想在韓國享受更便利的生活，那就一定要用 KAKAO TALK。

我在韓國，除了用 KAKAO TALK 和同學、朋友、老師聯絡外，也常使用 KAKAO TAXI 這個 APP 叫計程車。這項服務和台灣 UBER 不同的是，KAKAO TAXI 的合作對象不是私家車，而是在韓國領有合法執照的計程車。

然而，這家公司不只在 APP 服務上下功夫，也是韓國最愛玩「併購」的企業。

當地媒體形容 KAKAO 像是個購物狂，不但從經營社交平台跨足到計程車叫車、行動支付服務，還併購了手機遊戲、音樂公司，甚至進軍農業和美容美髮業與創投公司。

2014 年，KAKAO 和韓國第二大入口網站 Daum 合併，中國騰訊更成為公司第二大股東，讓 KAKAO 聲勢愈來愈浩大。2016 年，該公司又宣布獲得韓國金融服務委員會批准，將成立韓國第二家「純」網絡銀行（第一家是由韓國電信業合資的「K 銀行」）。

當時 KAKAO 表示，銀行的重點業務，是通過 KAKAO TALK 平台，讓使用者在線上快捷匯款，並針對小規模個體戶提供小額貸款，然後再把業務範圍擴大到信用卡、保險、基金銷售等領域。

純網絡銀行和傳統銀行最大不同處，就是到傳統銀行辦事要花時間排隊，而數位銀行不設實體營業點，消費者透過網路完成存款、信託或貸款，業者再把實體門市省下的成本，回饋到利率及手續費上。

例如，韓國人只要在線上進行實名認證後，平均 7 分鐘就可以開戶，而開戶 1 分鐘內，就能馬上獲得 300 萬韓圜（約新台幣 8.5 萬）額度的透支貸款。此外，國外電匯服務，也比傳統銀行省下一成左右匯款手續費。

果然，2017 年 7 月 27 日 KAKAO 銀行開張後，不到 5 天就搶

到 100 萬新開戶數，由於受到太多使用者歡迎，營業首日登錄人數太多，導致伺服器癱瘓。

周邊商品 煞到台灣客

KAKAO 在韓國開虛擬銀行，嚴格來說與台灣消費者沒什麼關係，但 KAKAO 和「LINE 家族」一樣，設計出一系列的「KAKAO FRIEND」，還開起咖啡店，就非常受到台灣年輕遊客喜歡了。

過去，在台灣人還不知道什麼是 KAKAO 時，很多少台灣遊客到首爾，都只到 LINE 專賣店血拼。但就我觀察，從 2016 年起，不少年輕台灣遊客開始把 KAKAO 專賣店設為血拼目的地，腦筋動得快的韓國代購業者，也在網路上開起 KAKAO 代購網。

至於這些 KAKAO 專賣店，有些以專櫃形式出現在百貨公司，鬧區中也有超大型專賣店，而且一開就是三層樓、四層樓，商品內容更是五花八門。從基本的布娃娃、公仔、文玩具、手機殼與吊飾，一直到包包、汽車用品、雨傘、鞋子、收納用品、浴室清潔用品、嬰幼兒用品、家具電器、手錶、珠寶飾品、平板電腦與周邊、床組、窗簾、高爾夫球具、樂器、睡衣或各種服飾、零食，就連內衣褲、漱口水、美妝、輪胎……，只要想得到的生活用品幾乎都有。

除了賣周邊商品外，部分 KAKAO 專賣店裡還設有「RYAN CAFE」咖啡廳，KAKAO FRIEND 造型的馬卡龍、RYAN 咖啡杯也是許多人必帶走的紀念品。

業者很聰明，除了專賣店內開放攝影，讓消費者可以在店裡抱著喜歡的大娃娃拍照，咖啡店的椅子上還擺了 KAKAO FRIEND 各種玩偶，營造「讓 Ryan 陪你喝咖啡的氣氛」，細心包裝下，讓忙著拍照的客人耗盡手機記憶體，也耗盡遊客皮夾內的韓圜。

其實，無論是卡通、服飾等各種設計，我愈來愈喜歡韓國勝過日本。

因為日本的「可愛風」真的不是我的菜，而韓國的設計比較偏「帥氣風」。而「KAKAO FRIEND」的玩偶不只是結合可愛與帥氣，我覺得還帶一點「賤賤地、囧囧地」，所以個人滿喜歡這系列的玩偶。

講到囧囧的，「KAKAO FRIEND」的人物造型再囧，也沒有比「在雪地裡倒一個月垃圾」的我囧。這件事，當下真的讓人很倒彈。不服氣下，我又指著 RYAN 身旁的角色提問，想扳回點顏面。

我問：「那你猜，這隻兔子是公的還是母的？」

「不是兔子。」戶長又翻白眼了。

「明明就是隻沒洗澡，玩得全身都黃黃的兔子，頭上還長了長長的耳朵！」

「真的不是兔子……。」戶長強調。

「那你說牠是什麼？」

「是『蘿蔔』。」

「神經病，這裡的玩偶全都是動物，怎麼會出現蘿蔔？」我笑了。

「不然我們再來賭，掃一個月的廁所。」戶長這麼提議。

「賭就賭，誰怕誰，哪有蘿蔔是黃色的，而且還長了兔子耳朵？」

接下這場賭注，我心裡就偷笑，這回我贏定了！沒想到，戶長卻不疾不徐地回我：「因為，牠是隻，『喜歡偽裝成兔子的醃蘿蔔』……」。

上網查證後……，靠！我就這樣做了整整一個月的清潔工。

24

｜前進 VR 房｜

最強電玩民族，
遊戲產業爆發！

　　韓國是電玩大國，「打電動」更
是韓國人紓壓管道之一，無論男女都
是。過去滿街的 PC 房（網咖），如
今已轉型成 VR 房，更有專業電視台
每天轉播電競比賽，真的是電玩愛好
者的天堂！

在介紹韓國電玩環境前，先容小弟臭屁一下，大家不是每天都「好想打敗韓國」嗎？我可也曾經為台爭光過喔！

那天，JAMES 看到我的筆電上有安裝《星海爭霸 2》這款電腦遊戲，主動找我「挑一場」。

我知道，韓國男生 100 人中，有 99 人都愛玩《星海爭霸》系列這款電腦遊戲，即使 JAMES 不是電競選手，實力應該也不會太差。但為了不讓對方覺得咱們台灣人畏戰，加上我也是從 20 歲起就開始接觸即時戰略遊戲的老骨頭，於是兩人就在連鎖咖啡廳裡「戰了起來」。

比賽打了兩場。第一場，我用偷襲戰術，5 分鐘就讓對方 GG（投降）；第二場比賽，偷襲戰術不奏效，辛苦地花了 15 分鐘後，小弟才「又」打敗韓國人！

生平首度和韓國現場連線對戰，而且還 2 連勝，好爽！但他不服氣地想來第三場，我趕緊用「筆電沒電了」為理由來停戰。心想，再讓他上訴下去，不知要打幾圈呢！喔，應該是幾「場」啦！

我在序裡有寫到，人生第一次到韓國，就是為了採訪在首爾 COEX 會場舉辦的第一屆 WCG（世界電玩大賽）。那年，台灣的電玩小子曾政承打敗來自各國好手，贏得《世紀帝國》項目金牌。（他還教過我「如何練習快速鍵」，有金牌師父教，難怪 JAMES 會 GG）

其實，在參加這項國際大型電競比賽之前，我和多數人一樣，都認為「日本才是電玩的天堂」。因為無論電玩硬體（SONY 的 PS、任天堂紅白機、SEGA 掌上型電玩），或是軟體業者（CAPCOM、KONAMI、SQUARE、KOEI 等），日本都居全球領導位置。但那年到韓國採訪後，我深深感受到韓國才是「最瘋電玩的民族」。

當時，無論滿街的網咖、電競選手的實力、到 WCG 現場為選手加油的粉絲，或業者為遊戲軟體而鋪天蓋地投入的行銷廣告，都

讓我預測，韓國總有一天會超越日本，成為真正的電玩大國。

電視天天轉播電競賽

究竟現在的韓國電玩產業超過日本沒？

我認為，在日本還有 SONY PS 硬體撐場下，應該還沒有。但隨著全球玩家，已將家庭娛樂主機重心逐漸轉往手機遊戲之下，韓國軟體研發實力只要持續爆發，超越日本恐怕是早晚的事。

談到韓國電玩產業，過去媒體採訪過不少：韓國政府的減稅、成立園區、辦遊戲軟體學校、產業人才免服兵役各種政策，這些我就不再贅述。在這些政策下，業者全力將資源投入產品開發、外銷，再把獲利轉入行銷與活動宣傳，讓過去「只有小朋友打電動」，順利轉成「玩遊戲是全民運動」，是我這段日子看到的事實。

此外，過去韓國電玩市場不斷擴大，「打電玩的地方」（也就是網咖）需求也不斷增加。網咖業的興起，又造就一批電玩高手，產業再導入電子競技（電玩比賽），職業生態就此而生。

這項發展，讓「電競選手」逐漸和「KPOP 藝人」一樣，成了年輕人嚮往的新職業，而電視台也嗅到商機，開啟了全新的「電競電視頻道」。

我在韓國的住處接了有線電視，頻道中就有「電競專業頻道」。有時，自己假日懶得出門，就窩在家看電競高手表演，真的很刺激。

韓國的電競專業頻道，同時在電視與網路上出現。業者甚至可以賣票給民眾進場，除了在現場為職業選手加油，還辦簽名會、辦抽獎，讓攝影棚非常熱鬧。

雖然，我一直沒機會去現場看比賽，但從電視轉播上發現，過去以電腦遊戲（像 LOL）為主的電競項目，已逐漸轉型到手機遊戲上（如天堂 M）。

無論在電腦平台或手機平台進行比賽，轉播單位只要解決載具畫面問題，就能繼續轉播下去。但有個行業就必需轉型了，那就是網咖。

噱頭十足 高手展功力

2001 年，韓國網咖產業發展達到頂點，登記有案業者達到 23548 家，這個數量甚至超過現在台灣便利商店店數 1.5 倍。

初期，由於韓國玩家人口多，2 萬多家網咖就算競爭激烈，還能存活。但隨著家庭頻寬與手機遊戲興起，網咖數量快速下滑，業者被迫得不得不轉型。近兩年，全球掀起 VR 遊戲熱，韓國許多網咖業者相中機會，開始將傳統網咖改裝成 VR 房，提供新型態的電玩娛樂。

目前 VR 房經營模式有兩種，一是類似傳統網咖「計時收費」模式，另一種則是採「喝咖啡免費體驗 VR」模式。

我參觀過的江南某 VR 房，門市約 50 坪空間，分咖啡區和 VR 包廂兩大區，消費者在櫃台購買咖啡飲料或簡餐，就能坐下來用餐，或到包廂區免費玩 VR。VR 區的 5 間透明包廂裡都擺了 1 或 2 台 VR 主機，同時還有駐房服務生協助遊戲設定，遊戲內容則包括射擊、攀岩、舞蹈、賽車等。

在硬體方面，業者會幫消費者準備拋棄式棉質眼罩，在周邊設備也花了大把銀子。例如賽車區設有專業賽車椅、3 台顯示器，賽車椅還會隨遊戲擺動，方向盤旁更安裝小風扇，一踩油門，風扇就會啟動，讓玩家感受到飆車時的風速。

店員告訴我，採用透明包廂，就是要讓客人能看到「高手們如何玩遊戲」！所以包廂裡只要有高手出現，就會吸引圍觀民眾，這也讓「想秀」的高手，在假日時到 VR 房展現功力，成了活招牌。

雖然這家 VR 房號稱「玩 VR 免費」，但費用其實已灌在飲品餐點上。例如 1 杯美式冰咖啡賣 6800 韓圜（約新台幣 195 元），這可比星巴克大杯冰美式貴了近 50%，可見「免費玩」其實只是行銷手法。

　　無論是不是噱頭，VR 遊戲的確能讓玩家帶來更多刺激，運動量也大增，讓不少工作壓力大的首爾人，都迷上到 VR 房紓壓。

　　還好，那天去參觀 VR 房時 JAMES 不在身邊，不然，他一定又要「挑一場」了，但玩 VR 這件事，對又胖又老的我來說，肯定就要連敗好幾場了！

韓國人
在威什麼：

3 觀點 完爆台韓不了情

1

| 韓國人 |

我們把台灣當兄弟，
為何你們要反韓？

在家靠父母、出外靠朋友。

LONG STAY 期間，韓國朋友都非常照顧我，他們普遍對台灣人很友善。但卻有朋友問我：「台韓處境類似，我們明明就把台灣當兄弟，也很喜歡台灣，但是，為什麼很多台灣人，不喜歡韓國？」

提出疑問的第一位韓國朋友是朱莉。她是我第一位韓文家教，當年在桃園某大學讀語言教育系，每周六都搭火車來台北教我韓文。

她說，即使是沒來過台灣的韓國人，也都知道台灣這個地方，而且比起日本、大陸或香港，絕大部分韓國人都比較喜歡台灣，也對台灣有更高的好感度。至於那些來過台灣工作、出差或旅遊的韓國人，也對台灣的便利、美食與好山好水讚不絕口，甚至以台灣為師，試著學習台灣的好。

但朱莉卻指出，她在來台求學的生活過程中，就曾多次受到不友善的對待。

「例如上小館子時，老闆知道我是外國人，往往態度很親切。但有些店員一知道我是韓國人，就馬上變臉，態度 180 度轉變……。」

她還說，雖然班上同學都對自己很好，但學校裡其他不認識的同學，特別是男生，有些對韓國人異常冷漠，但他們對日本人就特別熱情。

有時碰到台韓關係比較緊張時，例如 2010 年三星在「顯示器價格操縱」案中當污點證人的事件，或每回韓國隊在棒球賽中打敗中華隊時，韓國留學生就會儘量掩飾自己的身分，儘量不說韓文。

她在台灣待了好多年，卻始終不了解，台灣人討厭韓國的原因是什麼？問身旁的台灣同學，得到的答案幾乎都是：「不會啦，妳想太多了……。」她更不懂的是，商業競爭與體育競賽，何以造成台灣人居然「恨」韓國人。

同樣住過台灣一陣子的 JENNY，也有同樣的感受。

JENNY 指出，她曾在台灣新聞中，看過餐館老闆張貼「狗與韓國人不得進入」的報導，還有很多「韓狗」的不雅抨擊，以及「好

想贏韓國」的言論。

「我真的很喜歡台灣，但有些台灣人就是討厭韓國，很奇怪。」
JENNY 說。

「那你為什麼還那麼哈台？」我反問 JENNY，也試著轉移焦
點。

她說：「其實，台灣最棒的還是人情味，我在台灣生活時還是
受到很多人熱心幫忙，不會因此討厭台灣，會持續哈台！哈！」

我想，JENNY 肯定會持續「哈台」下去，從她手機鈴聲是《小
幸運》、最喜歡的偶像是言承旭就可以推測。然而，「台灣有反韓
族」這件事，也的確是事實。

少數人的不友善 韓國人很有感

一位不願具名的導遊 B 姐（帶著韓國遊客在台灣玩），也和我
分享了韓國遊客來台觀光後的心情。

「韓國人來台灣玩，幾乎都能體驗到台灣的優質服務態度，也
認為台灣人對外國人是友善的。但說真的，韓國客人還是能觀察到
台灣的反韓情緒，也感受到台灣人即使不會臉上笑笑的，但卻打從
心裡『不喜歡韓國人』。」

B 姐說，她的韓國客人來台灣玩時，有時會被誤認為日本人，
台灣人會對他們特別親切。不過，「韓國人」的身分一曝了光，就
常被「愛理不理」。

她表示，老一輩的台灣人都很喜歡日本，所以對韓國「無感」，
誤以為韓國還是那個 20 年前落後的國家，所以有點瞧不起韓國人。

但台灣的年輕人就很兩極化了。

B 姐曾遇過台灣的哈韓族，會主動用簡單韓文和她的客人打招
呼，甚至想留對方的聯絡方式、想和對方交朋友（就是撩韓國妹或

歐巴啦）。

但更多的是年輕反韓族，他們有些會面露嫌惡表情，也有少數人以為韓客聽不懂台語，就把三字經含在嘴裡譙。

「如果台韓關係緊張時，你會提醒韓國遊客要小心嗎？」我問B姐。

「是不用特別小心啦，台灣反韓族譙歸譙，但還不至於有暴力行為。反倒是韓國人個性本來就比較強，講話和態度又太直接，我就會注意客人不要和店家起衝突。」B姐說。

競爭力不夠　讓台灣人沒自信？

有天，我和一家代理韓國商品的王姓企業主，談起台灣人反韓情結。他認為，這種情況恐怕不會停止，很重要的一點是受到台灣缺乏自信心所影響。

王老闆說，老一輩台灣人，很可能因為難忘台韓斷交事件，對韓國人及韓國品牌沒好感。而年輕人，可能又因為過去台灣經濟優於韓國，如今卻被反轉，在缺乏自信下，更討厭韓國人。

事實上，我們能從媒體報導中，看出「台灣覺得輸給韓國很丟臉」的意識形態。

台灣曾是亞洲四小龍龍頭，韓國當時只能算是龍尾，但韓國經濟如今已把台灣甩在後頭，於是，媒體不斷以「韓國行、為什麼台灣不行」為題，突顯「我們要以韓國為競爭對手」，讓台灣人愈來愈敵視韓國，反韓情緒才會不斷被掀起。

此外，台灣體育主播的名言「好想贏韓國啊」，更讓台灣球迷對韓國隊充滿恨意（唉，有時我也會）。

某次韓國棒球隊又贏了，知名樂團團員在臉書上轉貼《輸了你贏了世界又如何》的歌曲，此舉也引起台灣網友大量按讚，也可以

看出公眾人物的態度，很容易帶動民眾的反韓情緒。

對於棒球比賽，JENNY 則是認為，韓國人將台韓大戰視為傳統好戲，韓國球迷也都想取得勝利，這換成台灣人的立場也是如此。

「韓國人只有在對上日本隊時，會有『同仇敵愾、非贏不可』的壓力，那是因為日韓之間有很深的歷史仇恨。」

JENNY 說，在歷史中，韓國曾被日本占領，而且長期受到日本的打壓與欺凌，所以一般韓國人會反日、仇日。但反觀台灣，台灣同樣被日本侵略與殖民，且韓國人不曾占領或欺負過台灣，台灣人卻因為商業競爭和棒球比賽而哈日反韓，有時實在讓韓國人搞不懂台灣人的標準與想法。

我告訴 JENNY，其實台灣每每掀起的「反韓風」，往往過幾天後就忘了，真的不必太在意。但我也認為，反韓族如果持續不理性地對待韓國人，對台灣形象難免有傷害。

此外，這段日子常想，如果我們的經濟像過去一樣比韓國好、如果我們的棒球每次都能打爆韓國隊，台灣人，你還會對韓國人這麼不友善嗎？看來，「反韓」的起因，應該不在韓國人身上，而是在台灣人身上⋯⋯。

2

| 硬體勝負反轉 |

韓國的富裕進步，
超乎你想像！

　　説真的，即使台韓距離只有 3
小時飛行時間，但台灣人真的很不了
解韓國人。我更認為，台灣的反韓情
緒，大部分是台韓間文化與習慣差異
所造成，這也是我寫這本書的初衷，
希望台灣人能了解韓國，不要再反
韓、仇韓。

這趟 LONG STAY 之前的戶長，就是「台灣人不了解韓國」的最佳案例。

她第一次到韓國出差約在 20 年前。那趟行程讓她對韓國的負面觀感很深，也導致之後每每約她去韓國旅遊都被打槍，甚至找各種理由改變行程。

過去，韓國在戶長心中，是個比台灣貧窮、軟硬體建設都比台灣落後的地方。除了冬天可以滑雪外，幾乎沒什麼好玩的，賣場不好逛、東西不好買、食物不好吃，遊客只能上免稅店，還常買到 A 貨與仿冒品，商家態度又不親切……。

這幾年，她被我半強迫式地拉去韓國，對韓國開始改觀。LONG STAY 期間，戶長更發現，現在的韓國和過去完全不同，雖然還沒讓她達到「熱愛韓國」的程度，但她仍鼓勵我，把在韓國的生活體驗寫出來，減少台韓民眾之間的誤會。

「到韓國這麼久，你對韓國的印象如何？最想讓在台灣的朋友知道些什麼？」在規畫這本書前，我特別和戶長討論這個話題。

戶長想了想說：「第一，韓國的進步超越台灣；第二，韓國其實和台灣很像。」

戶長認為，大部分從沒去過韓國，或很久沒去韓國的台灣人，都和之前的她一樣，對韓國印象停留在 20 年前，卻不知道韓國已經脫胎換骨了。

我們先從「韓國經濟現狀，和台灣人想像的大不同」這件事談起。

韓國人均 GDP 早就超越台灣

一直以來，台灣經濟都走在韓國前面，早期台灣經濟快速發展時，韓國的確相對貧窮與落後。1979 到 1994 年，韓國 GDP 始終

後落台灣 20% 到 40%，1995 年韓國的「漢江奇蹟」後，經濟表現逐漸抬頭，但 GDP 依舊落後台灣 10%。

　　1997 年受到亞洲金融風暴重擊；2008 年，美國發生次貸危機，韓國甚至被國際認為是繼冰島後第二個可能破產的國家，讓韓國經濟大摔一跤。

　　也因為韓國經濟始終搖搖欲墜，很多台灣商人都不把韓國放在眼裡，以 2000 年為例，當時台灣人均 GDP（國內生產毛額）為 14,641 美元，但韓國只有 11,347 美元，台灣還高過韓國 3,294 美金。但到了 2004 年，台灣卻正式被韓國迎頭趕上，台灣 GDP 為 14,986，但韓國已達到 15,029，正式反轉。即使 2008 到 2009 年雙方差距一度拉小，但 2010 年後，台灣又被韓國甩到後頭，而且還愈拉愈遠。

　　韓國財政部預測，韓國 GDP 將在 2018 年正式突破 3 萬美金，躍居全球第 27 名；反觀台灣，2017 年 GDP 沒有超過 2 萬 5000 美金，2018 年要達到 3 萬美金更是天方夜譚，兩者差距恐怕會拉大到 5000 美元，創下歷史新高。

　　此外，韓國國內生產總額全球排名第十一，更是第七大出口國與第七大進口國⋯⋯。

　　從各種統計數據上看來，韓國各種經濟產業快速成長，早已不是過去台灣人所認識的韓國。生活環境與社會進步，也一步步超越台灣（即使競爭與生活壓力也高過我們）。

　　「韓國人愈來愈富裕，商品品質愈來愈好、生活水平已超越台灣，環境規畫、新科技運用與新商業模式，甚至商業活動都比台灣活躍⋯⋯。」

　　戶長這席話，是說給第一次到韓國旅遊的萱萱妹聽的。

　　「硬體建設有比台灣好嗎？怎麼我覺得這裡很老舊和落後？」萱萱妹說。

韓國服務業仰賴科技工具,已有無人商店。圖為自動點餐服務。

萱萱妹的質疑是有道理的。

因為直到那天為止,我們只帶著她在首爾江北舊城區觀光,自然感受不到首爾的進步。直到隔天陪著她到江南區走走,特別是到江南板橋(不是新北市的板橋喔)、清潭、盤浦區,才讓她對韓國改觀。

「嗯,果然比台北先進,江南好幾個地方,幾乎都像台北的信義區一樣,和明洞、景福宮完全不同呀⋯⋯。」走在板橋區的萱萱,也感受到韓國的進步。

事實上,大部分台灣觀光客到首爾,還是以江北舊區或郊區為主,大家只看到首爾市較舊的區塊,自然覺得韓國比台灣老舊,甚至雜亂。

但如果到了江南新區,就會發現首爾的高樓建築多、外觀時

仁川機場內四處都有掃地機器人，定時定點清掃，取代人力。

尚、生活機能又好，就連公共建設和都市綠化工作，都勝過台北

此外，普遍台灣遊客對首爾的地鐵也有些誤會。

由於首爾地鐵開發比台北早，所以無論車站或車廂設計自然比台北捷運老舊。但這僅止於江北區舊地鐵線。

反觀江南新開發的地鐵站，如 9 號線、新盆唐線，就會搭到新車廂，體驗到全新設計、速度、周邊開發，而這些都是經過細心的包裝與全盤性的規劃。

至於民眾對科技的運用及先進的服務，似乎也超越台灣。

四處有 WIFI 不用自己買

台灣消費者在公共區域上網，大部分習慣使用私人的 4G 或 3G 連線，甚至偏好「吃到飽」服務，但多數韓國人都不需要這項服務，因為四處都有電信業者提供的 WIFI 網路，不但連線穩定、速度高，而且安全又免費。

以地鐵為例，韓國地鐵站與車廂內都有開放式免費 WIFI，只要申辦的是韓國電信業者門號，並經過開通，每次使用都不需重新登錄，打開手機抓到訊號，就能免費使用，即使列車行駛在漢江上的橋樑，也不會中斷。加上韓國百貨賣場、咖啡廳、餐廳食堂、娛樂場所，都提供免費 WIFI 訊號，公眾網路的建設與布建都超過台灣。

反觀台北市政府在捷運上試辦的免費 WIFI 服務，不但要經過申請，每次上網還要重新登錄，而且訊號也是斷斷續續，實在有點落漆。

此外，書內提到的「無現金社會」刷卡服務、大量的電子點餐系統、網路家電，都顯示韓國人使用智慧科技硬體的普遍性，已勝過台灣。

就連家家戶戶也改用電子密碼鎖，學生們 K 書時不再仰賴厚重紙本教材，而是透過連線進行線上教學……。這些習慣都證明韓國網路建設已勝過我們太多。

　　當然，韓國的硬體建設不可能「全部」勝過台灣，我之所以描述的這些事實，也沒有刻意貶低台灣的意思，只是希望大家了解，韓國在許多硬體建設上已超越台灣很多，別再以為那裡還是 20 年前的韓國了！

3

| 軟體實力驚人 |

設計、行銷、
包裝能力大躍進！

　　韓國硬體建設上的進步已非我
們可想像。更可怕的是，他們的軟實
力也快速成長中，除了韓流、遊戲等
軟體實力外，商品設計、行銷包裝能
力，也突飛猛進，就連台灣人最自豪
的「親切與熱情」，在韓國也經常能
看得見。

過去，亞洲軟實力最強的國家，非日本莫屬。日本人在流行商品上的設計力、服務業的敬業精神、創新的商業模式，在亞洲屬一屬二，更是世界各國在軟實力領域上的學習對象。

　　台灣也不差，即使政府將大部分資源都灌注在硬體產業上（如竹科），但大部分國人對自己的軟體力還算有信心，民間的軟實力也緊追日本。

　　不過，這項軟實力的優勢，近年來逐漸被韓國跟上。我甚至認為，韓國在商品設計、行銷包裝的能力已超過台灣，就連服務精神的差距都不斷縮小中。

　　我們先從流行商品設計這項軟實力談起。

　　戶長的購物慾，在韓國生活時完全被激發出來。她認為，韓國在流行商品的設計，有些已超過日本，成為亞洲第一。

　　「20 年前，韓國的衣服、飾品等，很多都是 A 貨或仿冒品，但現在的韓國品牌，無論品質與設計都已快速成長。」戶長說。

　　她舉例，一件很普通的衣服，在韓國設計師手上，常因為一顆鈕扣的變化、一道皺褶的設計，讓商品看起來更具特色與流行，有時已超越在設計上相對保守的日本商品。

　　「或許喜歡甜美風的台灣女生，還會被日式可愛商品吸引，但現代台灣女性或歐美市場，其實比較喜歡個性化、帥氣風格的服飾或飾品，這點，韓貨的吸引力就勝過日本或台灣。」戶長說。

　　戶長還認為，韓國百貨公司的陳列、賣場動線與視覺設計，也比亞洲其他地區更具時尚與流行感。

　　我想，「韓國人注重外表」這件事，是推動他們服飾設計的原動力，畢竟市場有「對美的需求」，加上韓國社會愈來愈富裕，產生更多消費行為與市場，業者也樂於透過學習來針對商品做更多變化。

假掰也要有創意

除了商品設計外，韓國對行銷「包裝」的創意，也常讓人大開眼界，他們很善於讓原本很不起眼的商品，透過一點點變化，刺激民眾的消費慾望。

韓國有家「彩虹蛋糕」店，業者把傳統的千層蛋糕設計成「每層蛋糕都是不同顏色」，然後再透過店內裝潢來創造用餐氛圍，這種有噱頭、有氣氛的商品包裝，很能吸引年輕人上門消費。

另外，之前提到的「雪冰」也是包裝高手。業者把哈密瓜的半邊果肉挖出來，蓋在整碗冰的上頭，盛冰的碗就是哈密瓜的果皮，然後提供刀叉，讓客人像吃牛排一樣，把果肉一塊塊切下來，配著挫冰一起吃。

我在想，如果是台灣業者，可能會把哈密瓜切塊，摻雜在挫冰裡頭吧？一樣是半顆哈密瓜的挫冰，人家就懂得透過包裝，讓商品看起來更有賣相。

還有一家位於弘大的咖啡店，我們稱它叫「花園咖啡」。業者在店裡種了各種盆栽和花卉，讓客人在裡頭喝咖啡同時，還能和身旁的鮮花、植栽合照，也經由客人將照片上傳，吸引更多顧客上門。

至於另一家「圖書館咖啡」就更假掰了！咖啡廳的四周都是 5米高的書架，裡頭擺的書都可以免費閱讀，即使沒什麼客人真的拿書來看，但光是拍照、假裝自己很文青，就讓消費者感到新鮮與氣質。

如果你問我：

彩虹蛋糕有比較好吃嗎？答案是沒有，但拍起照來很好看。

哈密瓜冰有比較新鮮嗎？答案是沒有，但像切牛排一樣很好玩。

花園咖啡有比較香嗎？答案也是沒有，但就是有特色。

韓國咖啡廳花招很多，圖為
弘大的圖書館咖啡，不過最
近已經搬家了。

韓國人愛玩創新包裝，連雜誌也是。同一期雜誌，
居然能推出六種不同的封面版本，吸引讀者蒐集。

在圖書館裡喝咖啡，會變得比較有學問嗎？

當然也不可能，而且期末考成績還會特別爛，因為裡頭辣妹好多，一直分心……。

韓國的包裝能力，或許也可以形容成「假掰能力」吧！但無論如何，在競爭激烈的市場上，他們對包裝、假掰實力的開發，都讓人驚訝，也能從中發現韓國的創新軟實力。

除了商品設計、行銷包裝能力外，我還覺得韓國人特別愛「蒐集」，而業者對類似的商業模式也玩得相當透徹。一瓶在便利商店裡不起眼的牛奶，在經過業者包裝後，立馬就成了熱銷商品，甚至吸引外國遊客的搶買與蒐集。

我在韓國的便利商店中看過各種造型的牛奶瓶，業者不但與迪士尼、三麗鷗合作，讓瓶身設計有更多變化，並透過行銷包裝造成消費者的蒐集旋風。

2017 年，韓國便利商店業者與芬蘭的卡通人物「嚕嚕米」合作，推出相關商品牛奶。業者不但在瓶身上印製嚕嚕米圖案，還設計特殊的雙層瓶蓋。其中，內蓋藏著各種嚕嚕米造型的塑膠玩偶，透過行銷包裝與贈品，掀起韓國消費者瘋狂蒐集。

不只嚕嚕米，光飲料包裝，2016 到 2017 年間也曾颳起小小兵、迪士尼旋風。此外，業者與 KPOP 的合作也讓人眼花撩亂。

2016 年，GQ 雜誌就和經紀公司合作，讓韓國偶像男團 SHINee 登上封面。然而，只是請 SHINee 一起進攝影棚拍合照，那就遜掉了。當期 GQ 總共設計了 6 個版本的，除了一張合照版外，每位成員還各自有一張獨照封面版。這個作法，吸引了 SHINee 粉絲的搶購，而且不會只買一本，而是一口氣就買 6 本不同封面的雜誌來收藏，銷售量也刺激了 6 倍。

於是，除了好用外，設計「好看、好玩、好流行」的商品，讓韓國業者練就一身的包裝能力。這都和台灣市場的現況很不一樣。

台灣的親切熱情 韓國也學走了

這段日子，我觀察到韓國業者的軟實力不斷進步。有回，我和台灣長輩談起這個現象，他很不以為然地說：「台灣人很貼心、服務業很親切，這絕對是韓國跟不上的。」但我對這個看法也持保留態度。

2016 年底，我和台灣同學們到首爾近郊的兩水市採草莓。兩水是個小地方，有點像新北三芝、新竹芎林，或高雄甲仙。總之，

是個不很熱鬧的鄉村。

　　搭地鐵到兩水時，我們從車站叫了計程車到草莓園採果，採完果後，再到兩水頭欣賞河景。回程時天色已暗，但大馬路上沒公車，也招不到計程車，就連 KAKAO TAXI 也叫不到空車，偏偏草莓園主人又已經離開果園。當時氣溫約是零下 5 度，但步行回車站大約要半小時，迫不得已下，我們只好向路邊另一家草莓園求救。

　　草莓園老闆娘年近 50 歲，雖然看到我們手上提著其他草莓園的戰利品，但依舊熱心地幫我們打電話叫車。但是，沒車就是沒車，大媽也無計可施，最後我們決定硬著頭皮走回地鐵站。

　　沒想到，我們在大馬路走了 1 分鐘，後面就有台發財車對我們按喇叭。

　　開車的正是剛剛那位大媽，她特地把草莓園關了，開車追上來，要載我們去叫車站。大媽對著頻頻致謝的我們說，她曾經和女兒到台灣自由行 2 次，台灣人很熱心他們，讓旅行很順利。大媽說，她很喜歡台灣人的熱情與親切，所以也希望能幫我們一把。

　　一路上，我和同學不太說話，一方面是被草莓大媽感動到，二方面是天氣實在太冷，大家冷到說不出話來。

　　回到家後，我和戶長也分享了這趟採草莓心得，那就是：

　　第一，韓國草莓真的很好吃。

　　第二，韓文要快點學好，不要只能在大媽車上說「謝謝」。

　　第三，咱們自豪的熱情、親切，其實韓國人也有，別以為這是台灣的專利。

　　我們當時在想，台灣經濟已輸給韓國、硬體也不如他們、實力也漸漸被超越，甚至在某些產業上，韓國已勝過台灣太多，有些韓國人早已不把台灣視為對手，萬一連人們的熱情與親切都被韓國學走了，那我們還剩下什麼？

我常說自己是哈韓族，也知道台灣人為何反韓，但是無論咱們如何反韓，台灣也不會因此進步。所以只要有機會，我都會勸大家放下偏見好好認識韓國，你會發現，韓國其實和台灣是很像的。

　　就台韓過去的歷史來說，我們和韓國都受中華文化影響很深，也曾受到日本統治，說長期受「鄰居」的壓迫與侵略，其實是很相似的。

　　至於現今情勢上，南韓與北朝鮮分裂，且南韓常態性地受到對方武力的威脅。韓國人中，有人認為南北韓本是一家，早晚都會統一；但也有韓國人認為，就算兩韓語言與文化相同，但人民生活型態落差大，兩韓根本不需要統一。

　　台灣呢？其實我們與大陸的關係，在某一層面上也和南北韓分裂相似，國人對兩岸的政治立場也有分歧，同樣面臨武力威脅、對抗共產主義國家，還有，國防上長期依賴美國協助，但經濟上卻常被老美吃豆腐……。

　　此外，韓國與台灣都是亞洲民主國家，民眾幾乎在同一時期激烈追求民主，也因為反對黨與異議人士的領導，引爆政治的改革並走向民主化。而在民主化後，台韓也同樣面臨政黨惡鬥，還有一場又一場還激烈的民眾運動，政府廉潔度以及民眾對政商勾結的厭惡度也很像。

　　加上台韓同樣是天然資源匱乏、長期依賴進出口貿易，而且台韓人民大多都是勤儉持家，重視家庭與傳統，就連愛看棒球、愛賭愛追劇……都一樣，友人口中的「台韓之間根本就是兄弟」，一點也不假。

　　這本書中的觀察與感想，都是本人眼見為憑，雖然觀點不見得百分百正確，其中可能也有我誤解之處，但我和戶長都認為，韓國的進步已經和以前很不一樣了，而台韓之間有那麼多相似之處，理應

相互學習成長。但如果台灣人因為不理性的因素而反韓，面對韓國的優點，以「仇視」態度取代檢討或學習，那對我們來說，會是莫大的損失。

所以，靜下來了解韓國、認識韓國、學習韓國，是我們在LONG STAY 後，最想分享與提醒台灣朋友的。

「喔，對了，還有第三件事，我想告訴台灣的朋友。」戶長在聽完我的長篇大論後，突然有靈感了。

「還有？」

「就是韓國真的很好買！」戶長興奮地說。

看著家裡堆著兩箱準備寄回台灣的大包裹，我想，她的第三個感想，就不用再贅述了。只希望這本書能多賣幾本，COVER 掉貴三三的卡費和 EMS 運費。

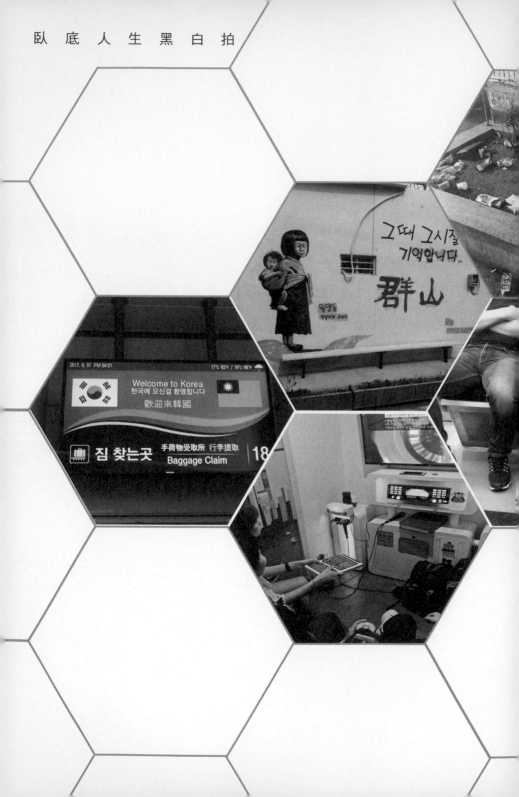

Across 系列 038

韓國人，你「潮」什麼？台灣大叔臥底首爾，掀開連在地人都不知道的奇事、夯事、威事！

作　　　者──王天中
美術設計──李涵硯
美術編輯──黃雅藍
責任企畫──曾睦涵
主　　　編──王瑤君

製作總監──蘇清霖
發 行 人──趙政岷
出 版 者──時報文化出版企業股份有限公司
　　　　　10803 臺北市和平西路 3 段 240 號 7 樓
　　　　　發行專線─（02）2306-6842
　　　　　讀者服務專線─ 0800-231-705 （02）2304-7103
　　　　　讀者服務傳真─（02）2304-6858
　　　　　郵撥─19344724 時報文化出版公司
　　　　　信箱─臺北郵政 79~99 信箱
時報悅讀網──http://www.readingtimes.com.tw
時報出版愛讀者──http://www.facebook.com/readingtimes.fans
法律顧問──理律法律事務所陳長文律師、李念祖律師
印　　　刷──詠豐印刷有限公司
初版一刷──2018 年 2 月 9 日
定　　　價──新台幣 380 元
（本書如有缺頁、破損、倒裝，請寄回更換）

時報文化出版公司成立於一九七五年，
並於一九九九年股票上櫃公開發行，於二〇〇八年脫離中時
集團非屬旺中，以「尊重智慧與創意的文化事業」為信念。

韓國人，你「潮」什麼？：台灣大叔臥底首爾，掀開連在
地人都不知道的奇事、夯事、威事！/王天中作 . -- 初版 .
-- 臺北市：時報文化 , 2018.02
　　面；　公分
ISBN 978-957-13-7299-0（平裝）
1. 人文地理　2. 生活方式　3. 韓國首爾市
732.76085　　　　　　　　　　　　　　106025491